养育
是一生的课题

〔美〕劳伦斯·斯坦伯格(Laurence Steinberg) 著

靳婷婷 译

中国出版集团
中译出版社

Simplified Chinese Translation copyright ©2025 By China Translation & Publishing House
YOU AND YOUR ADULT CHILD: How to Grow Together in Challenging Times
Original English Language edition Copyright © 2023 by Laurence Steinberg, Ph.D
All Rights Reserved.
Published by arrangement with the original publisher, Simon & Schuster, LLC
著作权合同登记号：图字 01-2025-0525 号

图书在版编目（CIP）数据

养育是一生的课题 /（美）劳伦斯·斯坦伯格著；靳婷婷译 . -- 北京：中译出版社，2025.6. -- ISBN 978-7-5001-8219-1

Ⅰ．G78

中国国家版本馆 CIP 数据核字第 20254R0A63 号

养育是一生的课题
YANGYU SHI YISHENG DE KETI

著　　者：［美］劳伦斯·斯坦伯格（Laurence Steinberg）
译　　者：靳婷婷
策划编辑：朱小兰
责任编辑：刘　畅　魏菲彤
营销编辑：赵　铎　任　格
出版发行：中译出版社
地　　址：北京市西城区新街口外大街 28 号 102 号楼 4 层
电　　话：（010）68002494（编辑部）
邮　　编：100088
电子邮箱：book@ctph.com.cn
网　　址：http://www.ctph.com.cn

印　　刷：山东临沂新华印刷物流集团有限责任公司
经　　销：新华书店
规　　格：880 mm×1230 mm　1/32
印　　张：9.125
字　　数：170 千字
版　　次：2025 年 6 月第 1 版
印　　次：2025 年 6 月第 1 次印刷

ISBN 978-7-5001-8219-1　　　　定价：69.00 元

版权所有　侵权必究
中 译 出 版 社

献给本和阿什莉

中文版序言

亲爱的中国读者朋友：

诚挚地向大家问好！

非常高兴《养育是一生的课题》一书终于有了中文版，我感到无比激动。在中国家庭中，维系好与成年子女的关系一向很重要，但这主要是因为人们普遍认为，子女长大后理应赡养年迈的父母。然而，近年来这种关系正在发生变化。无论是在中国还是美国，越来越多的成年子女与父母保持亲近，这并不是因为父母需要子女的帮助，而是因为这些子女越来越多地需要父母的支持。这种亲子关系的转变，为双方都带来了新的挑战——许多人甚至从未预料自己会身处这样的境地。

我是一名发展心理学家，专门研究青春期与青年期的发展，现任职于美国费城天普大学心理学与神经科学系，已有50余年从事青少年及青年研究和教学的经历。我曾在世界各地，包括中国上海，开展有关年轻人及其父母的研究。我也是一位自豪的父亲，同时是两个孙辈的外公，他们分别是4岁和2岁。我深深的体会到，做父母这件事，其实是贯穿一生的课题。

我写这本书，是因为许多父母对如何与已成年的孩子建立并维持良好关系而感到困惑。他们常常会问："我的孩子到底是一路坦途，还是迷失了方向？"市面上有很多育儿书籍，教导父母如何养育婴幼儿、儿童和青少年，但关于如何面对二三十岁成年子女的书却凤毛麟角。许多父母以为，孩子一旦脱离青春期，他们就不再需要在孩子的日常生活中扮演重要角色。然而，随着从青少年到成年的过渡期越来越漫长、越来越复杂，父母对子女的持续陪伴和支持反而变得更加必要。在这种突如其来的新阶段，父母和孩子常常感到无所适从。更复杂的是，不同世代对"如何相处"可能有着截然不同的期待。问题在于没人知道这段关系应该遵循怎样的规则。

每个家庭都有自己的独特情况，的确不存在一种放之四海而皆准的养育方式。但在任何发展阶段上，成功的养育都始于了解——了解孩子在成长过程中可能会遇到哪些变化与挑战。我的初衷就是通过这本书，陪伴父母一同走过这个阶段，帮助父母更早的看清随着时代变迁而出现的一些常见问题，帮助他们与成年子女共同应对这段关系中的新课题。这些问题可能涉及教育、工作、情感、育儿、经济等方方面面。

祝愿大家在这段崭新而激动人心的旅程中收获成长与喜悦！

劳伦斯·斯坦伯格
美国费城

序言

当今，在美国二三十岁的家长中，大约有6500万人至少拥有一个子女。与处于任何阶段的家长一样，成年子女的家长也发现他们需要得到建议、倡议、指导和宽慰。随着子女年龄的增长，养育子女的要求会发生变化，但家长面对的教养挑战却时刻存在。无论子女是一路坦途还是迷失方向，养育永无止境，随之而来的不确定性也无穷无尽。你可能觉得，一旦子女过了青春期，最艰难的养育阶段便随之画上了句号，但殊不知，成年子女的家长仍有独一无二的挑战需要面对。一些家长甚至认为，孩子成年后比青春期时的养育，更加困难。

我是一名心理学家，在亲子关系与心理发展领域拥有近50年的研究、教学和写作经验。几十年来，我面向家长群体发表过诸多演讲，通常在关心儿童和青少年抚养问题的学校或社区。我经常会留出时间回答观众的问题，也会在演讲结束后与那些不愿公开提问的家长单独聊天。

几十年前，我主要解答有关青少年的抚养问题。现在，我仍会收到大量类似的问题，但我注意到，越来越多的家长开始为如何应对与成年子女之间的关系而焦虑。

"我怎样才能知道我的儿子是否迷失了方向？"

"我能帮女儿申请研究生吗？"

"如果我的孩子准备和一个我认为有危险的人同居，我该做些什么？"

"在过去的几年里，我们一直在经济上资助已经25岁的孩子，但这种情况什么时候是个头呢？"

"我的儿子已经搬回家住，但我们在生活方式上总是无法达成一致。他成天躺在沙发上玩游戏，我和我妻子都觉得他应该把时间用在找工作上。"

…………

我也有儿女和孙辈。我切身体会到，家长能够拥有的最重要的资源，就是准确把握子女的成长状况，并注意到这种状况给他们的思想、行为和情绪带来了怎样的影响。很多孩子会在其学步期和青春期，突然带着怨气与家长沟通，继而疏离。试想一下，如果此时有位专家镇静地告诉你："孩子的这种表现与其成长阶段相匹配。"这将会帮你减轻多少心理负担呢？科学认知可以帮助家长建立合理的预期，从而对其教育成果产生至关重要的影响。

遗憾的是，成年子女的家长缺乏那些婴幼儿、学龄儿童或青少年的家长所拥有的资源。的确，你可能会遇到与其成年子女非常疏离的家长，他们会在绝望中写作，写给同病相怜的家长。（但愿你没有与你的子女走到那一步，我会在第三章展开讨论。）但是，在与成年子女的相处中，你可能会对面临的种种挑战感到不安。关于如何面对甚至避免常见养育雷区的建议，对于所有家长都有益。可以说，《养育是一生的课题》是我第一本针对所有拥有成年子女的家长的全面指南。

本书基于我的个人研究以及同事的开创性研究成果，更得益于我40多年的本科生及研究生的教学经验，以及38年为人父母的经验。从这个丰富的经验库中，我针对拥有成年子女的广大读者可能面临的所有难题，都给出了有效的建议，其内容涉及心理健康、教育、财务、恋爱关系和育儿等方面。我在书中大量列举家长及其成年子女的逸事，以便更加生动地阐述这些挑战。列举的案例皆来自我与众多家长的谈话以及相关研究，我对关键细节进行了修改，以便保护这些家庭的隐私。

刚开始动笔时，我很快意识到，虽然我们有关于"婴儿""幼儿"或"青少年"这样的标签，但仍没有一个用来描述成年子女（二三十岁）的通用术语。原因或许在于，关于这个年龄段人群的探讨，我们往往将其视为学生、雇员或某人的配偶，而没有放在与其家长持续保持长期关系的语境之下。我绞尽脑汁，还是想不出一个既不冗长又不带贬义的词语。因为没有更好的概括性术语，我会在书中使用"成年子女"来描述达到特定年龄的子女，这并非影射其心理不够成熟。

作为铺垫，我先在本书开头探讨一些基本原则。我会在后面章节深入探讨一些具体问题，比如如何处理财务关系、如何对待子女的另一半，以及对于子女抚养第三代的担心。在第一章，我会讨论抚养成年子女与上一代人的不同之处、家长的角色在子女成年后发生了哪些变化、如何平衡家长继续参与子女生活的正常愿望以及子女对于拥有自主权的需求。第二章讨论了如何在日常生活中与子女保持健康的关系，包括在有心事的时候是该吐露心声还是保持沉默、如何理解和处理成年子女的家长常有的复杂情绪、如何建设性地解决与子女之间的冲突，以及如何处理与另一半在抚养子女方式上的分歧。第三章就如何照顾子女及自身的心理健康，以及成年子女与家长之间疏离的原因提供了建议。

在这些介绍性章节之后，我将聚焦于子女的教育、财务状况和婚恋关系中常见的具体挑战。在每一章，我都会探讨家长与子女在人生的不同阶段可能面临的核心议题。第四章提供的建议，主要涉及子女在求学阶段频繁出现的问题，比如家长应该如何合理地参与子女的大学教育、他们在传统大学教育之外的选择，以及如何处理子女回家暂住的问题。第

序言

五章涉及部分家长可能会遇到的问题，比如在孩子大学毕业后如何提供经济支持、如何资助他们买房，以及如何与子女讨论自身的财务状况。第六章则会探讨子女感情生活中出现的各种问题，包括如何接受子女的性取向以及对于伴侣的选择、如何与子女及其伴侣保持良好的关系，以及协助子女应对婚姻带来的种种挑战甚至离婚事宜。

这些讨论为第七章奠定了基础，第七章涉及成年子女的家长最常问我的一个问题：我的孩子是否在生活中迷失了方向、找不到自己的立身之处？如果是这样，我该如何向他们提供帮助？（我也会谈到那些一路坦途、顺风顺水的子女。）在这一章，我着重分析了造成家长担心子女成长的四大诱因，并提出了几种方法，帮助家长判断子女在工作、学习、恋爱和住房方面遇到的问题，比如延长毕业时间、难以找到和适应工作、难以建立稳定的恋爱关系，以及搬回家和家长同住。针对每一种具体情况，我都会提出一些建议，帮助家长为迷失方向的子女提供支持。

第八章主要针对已经成为祖父母的读者，内容包括如何最有效地协助刚刚为人父母的成年子女、是否应该对他们的育儿方式表示担忧或提出建议，以及如何与孙辈建立稳固的关系。作为本书结尾的第九章则总结了全书要点，列举了家长与成年子女巩固关系的具体步骤，并展望年逾不惑的子女与家长之间的关系会发生怎样的变化。

在创作本书时，我心中有许多目标读者：那些子女即将成年的家长，他们想要了解子女未来的生活；那些已然置身这一阶段的家长，他们感觉事情发展得还算顺利，但仍相信有提升的空间；还有一些家长则举步维艰、迷茫困惑，甚至绝望，急于弄清如何应对。无论你最接近这三种类型中的哪一种，我都希望本书能帮助你成为一位更加自如、明智、出色且自信的家长。

本书的一个重点在于，与我们年轻时相比，当代年轻人已经在许多方面发生了变化——对于这一点，大家或许有一些抽象的了解。鉴于媒体对千禧一代（出生在 20 世纪 80 年代初至 90 年代末的人）和 Z 世代（出生在 20 世纪 90 年代后半期或更晚的人，有时也会被称为"后千禧一代"）铺天盖地的报道，我们很难对这一鸿沟视而不见。然而，鲜少有人谈及过去 40 年社会和经济的变化对父母角色带来的影响，以及如何更有效地调整我们的预期、态度和做法以适应现实的问题。

因此，让我们先来看看时代发生了怎样的改变，以及为什么当代年轻人与年轻时的我们是如此不同。

目录

第一章
家长角色的转变

时代不同了 / 003

家长的角色不同以往 / 013

调整你的预期 / 014

尊重子女的自主权 / 020

"当我像你这么大的时候" / 030

第二章
共同成长

缄口不言,还是直抒己见? / 035

处理自己的不良情绪 / 042

建设性地解决争议 / 047

如何处理与伴侣的意见分歧 / 052

第三章
精神健康

青年期的人容易情感脆弱 / 061

常见的心理健康问题 / 069

寻求心理帮助 / 075

照顾好自己 / 085

子女与家长的关系疏离 / 089

第四章
教育

大学教育是否值得？ / 101

适度参与子女的大学教育 / 104

离校回家暂住 / 115

第五章
财务问题

提供经济支持 / 127

财政大权 / 132

协助子女买房 / 137

讨论你的个人财务状况 / 145

第六章
恋爱与婚姻

子女的性取向 / 155

子女对伴侣的选择 / 162

婚礼成员问题 / 167

子女的亲密关系如何影响与家长的关系 / 171

与子女的伴侣相处 / 175

帮助子女处理与伴侣的矛盾 / 182

第七章
迷失与坦途

我的子女是否迷失了方向？ / 191

长年毕不了业的学生 / 194

对择业举棋不定 / 201

长年单身 / 211

搬回家住的成年子女 / 218

第八章
如何做好祖父母

如何帮助新手父母 / 229

避免为子女的育儿方法出谋划策 / 235

与孙子孙女相处 / 244

第九章
总结与展望

总结 / 253
展望未来 / 258

致谢 / 267
参考文献 / 269

第一章
家长角色的转变

第一章　家长角色的转变

时代不同了

当今，我们比以往任何时候都更需要一本养育成年子女的指南，原因如下：今天的家长不同以往、今天的年轻人不同以往、我们对青年期的科学认知不同以往，以及现在这个时代也不同以往。许多人都认为，等子女上完大学、离开家或结婚时，家长的养育就画上了句号。然而，如今养育子女的方式与我们当年成年时已全然不同，现在年轻人的青年期也与以往有所不同。这种变化可能会让我们茫然无措，甚至消沉沮丧。

*

家长的角色不同了。 我 30 岁左右时，与父母的关系曾一度非常紧张。当时，我和妻子正在筹划婚礼，而我的父母不赞成我们对婚礼和婚宴做出的一些决定，他们非常固执且不近人情。（父母与成年子女在婚礼规划方面产生分歧的情况很常见，我会在第六章展开讨论。）虽然我的妻子尽了最大努力调解，但我和我父母都不肯让步，从筹划阶段到婚礼当天，我们的关系一直很紧张。

在婚礼上，我父母毫不掩饰他们的不满，我至今仍对他们破坏了婚礼气氛而耿耿于怀，所以翌日和妻子去度蜜月之前也没有打电话告知他们。两年后，我的儿子出生，直到这时，我和父母之间的裂痕才开始慢慢愈合。对我们一家人来说，让我的儿子和爷爷奶奶保持温暖的亲情，比我对他们不依不饶更重要。

和父母重归于好后，我想和父亲聊聊我们之间的隔阂。我十几岁时，经常与母亲争吵，因此对我而言，和她闹别扭并不是什么新鲜事。但是，与一向亲密无间的父亲发生长时间的争执，这还是第一次。

一天晚上，我吃完晚饭后，便与父亲边小酌、边聊天。我们先是聊了政治、工作、体育这些平常爱聊的话题，然后我停下来，把话锋转向我们二人的关系。

父亲盯着我，就好像我要和他讨论时间旅行或外星人一样："什么关系不关系的？我是你爸。"

在今天，我们很难想象父母会对自己的孩子说出这样的话。但我的父亲出生于20世纪20年代，他具有那个时代男性的典型特征。他曾在军队服役，性格坚忍内敛，实际上却是一个心地善良、对他人关心体贴的好人。和我谈论情感或人际关系，这不是他的风格。

第一章　家长角色的转变

当代成年子女的家长，是在一种截然不同的文化氛围中成长起来的。在这种氛围下，讨论和分析人际关系不仅稀松平常，甚至成了一种需求。而且，他们对于家长角色的定义，也与我的父辈产生了天壤之别。除了翻翻斯波克博士[①]的《斯波克育儿经》，我无法想象我的父母会阅读任何关于育儿的书；即便他们偶尔会翻翻，也只是为了查找一些具体的信息，比如婴儿应该在什么时候开始吃固体食物，或者如何缓解出牙的痛苦。

相比之下，当代年轻人的父母则会长期参与子女的生活，从为子女挑选幼儿园，一直到监督甚至帮助子女撰写大学申请。一些父母或许不理解，仅仅因为子女步入成年，双方的关系为何就要随之改变。

在这些家长之中，有些人会与子女保持密切联系。许多大学生和应届毕业生每天都要和父母交流好几次，无论是聊天、发短信，还是在社交媒体上分享帖子。我的一些学生说，在期中和期末考试期间，他们不得不关掉手机，以防因父母发了太多信息而分心。

从很多方面而言，这种频繁的亲子接触固然有好处。相比于上一代，许多年轻人和父母之间的关系最亲密，对彼此

[①] 本杰明·麦克林·斯波克（Benjamin Mclane Spock），美国儿科医生，他于1946年出版的著作《斯波克育儿经》对几代家长产生了极大的影响。——译者注

生活的了解也最深入。然而，这种亲密关系也侵蚀了一些重要的代际界限，让成年子女在不经意间把父母当作同辈来看待，这可能会导致亲子关系的紧张，尤其是当父母和子女的想法产生分歧时，父母认为孩子应该无条件听从他们的意见。

亲子间亲密度的增加也使得父母能够更加深入地了解子女生活的方方面面，从而愈发担心子女的身心健康及生活状态。（没错，20 世纪的家长也会质问子女"你为什么不打电话"，但通常情况下，他们会在子女一两周不联系时才这么做，而不是仅仅过了两天就着急。）当今，成年子女的父母一旦感觉亲子关系出了问题，就会想尽快确定问题所在，并且尽早找出弥补的方法。因此，总体来说，今天的家长比前几代家长更加深入地融入了成年子女的生活中。

*

年轻人的角色发生了变化。年轻人最大的转变在于，今天的他们需要更长时间才能完全融入传统文化中的成年角色。也就是说，他们需要更长的时间才能完成学业、经济独立、结婚成家（或建立与家庭类似的关系）、解决居住问题，以及拥有自己的孩子。

我们来看一下时间拉长所带来的影响，不妨思考在过去的几十年里，步入一段恋爱关系的方式经历了怎样的变化。每一代的家长都很关心子女对其伴侣的选择，但在过去，他

第一章 家长角色的转变

们的担忧主要出现在孩子的高中或大学时期。鉴于这个年龄段的子女青涩无知且缺乏经验,如果家长认为子女与"不正经"的人产生了感情,便会自然而然地表达出来。如今,很多家长却要眼巴巴地目睹20～30岁的成年子女在数段恋情中摸爬滚打,这是因为网恋的兴起不仅拉长了年轻人的恋爱期,也使得他们更容易在恋爱历程中迈错第一步。

毫无疑问,当代年轻人的成年过渡期比以往都要晚,也更费时。用来形容这种漫长过渡期的用词却颇具深意。一些专家学者会疑惑:"为什么现在的年轻人怎么也长不大?"言下之意是,任何没有按照既定时间完成人生大事的人要么不成熟,要么就是懒惰。除此之外,许多人都在为年轻人的"晚熟"而感叹,在我看来,他们无异是在谴责年轻人任性骄纵或是顾虑太多。还有一些人会说年轻人都"不成器",他们把这种漫长的过渡期视为某种缺陷或无能。

这种观点源于这样一种假设:健康成长因成年人的种种需求所推动,也就是婚姻和养育子女的责任、工作的要求,以及自力更生所带来的挑战。言下之意就是,没有"按时"完成人生大事的人,一定是不成熟的。

这种观点大错特错。没有任何科学证据表明,推迟进入成年期会阻碍年轻人的心理发展——但对于这条重要的信息,许多家长都难以理解。此外,我将在下文阐述,关于青春期大脑发育的最新研究表明,在适当的条件下,一个人推迟进入成年期反而能够通过延长其大脑的可塑期，从而促进发育。

*

科学改变了我们对青年期的理解。即便你不打算细读本书的其他部分，也请认真阅读这部分内容，因为这样可以彻底改变家长看待子女的方式。从历史角度来说，发展心理学家几乎对个体的青年期视而不见。除了对"中年危机"这种毫无根据的迷恋之外，他们对中年期也置若罔闻，只是假设所有人都在 18 岁左右青春期结束时，就停止了成长发育，此后其心理功能便能一直持平，直到步入老年期后才开始衰退。专家认为，25～65 岁之间的成年人会受到其具体人生经历的影响，比如结婚或离婚、升职或失业；但与生命的其他阶段不同，年轻人和中年人的变化不像婴儿、儿童、青少年和老年人那样容易预料。

这种假设只在一定程度上说得通。最新研究表明，对于 20～25 岁的年轻人而言，情况并非如此。在这 5 年中，人类大脑的解剖构造及活动发生了巨大的变化，对于年轻人的生活以及家长对成年子女的理解都有重大影响。

发育神经科学家研究的重点，在于大脑的解剖结构和活动如何随年龄变化而变化。直到前不久，他们才将注意力转向 18 岁以上人群的大脑发育。他们得出的两项研究发现不但改变了我们看待年轻人的方式，也很可能改变你看待子女的方式。

第一个发现是,一个人在青年期,其大脑对环境的反应仍然非常灵敏,大脑仍然可以因经验而改变。用科学术语来说,即大脑仍然具有"可塑性"。我们知道,早期的人类大脑具有很强的可塑性。因此,心理学家、公共卫生专家和教育工作者才会如此注重为儿童提供充分的育儿和教育服务,这是因为他们的大脑已经具备了相应的能力,能够从精心养育带来的丰富体验中汲取营养。

然而最近20年,人们却愈发认识到,另一段神经可塑性的高峰发生在一个人的青春期初期,并可能持续到25岁左右。当然,充分的环境刺激是必不可少的,因为这正是延长大脑可塑期的必要条件。

虽然原因尚不清晰,但当我们在25岁左右进入成年期时,这种可塑性增强的窗口期便开始关闭。这意味着,推迟进入成年期所产生的影响,取决于此人在这几年中是如何度过的。在接触挑战和新鲜事物等有利条件下,延长个体处于青春期的时间,可能会让他的大脑从刺激中获益更久一些。

不幸的是,神经可塑性是一把双刃剑。当大脑对环境高度敏感时,我们不仅容易受到积极体验的影响,也容易受到消极体验的影响。美好的体验为持续学习和认知发展创造了机会,但相比25岁以上的人来说,负面经历对青少年大脑的危害性更大。我们将在第三章看到,正是出于这个原因,青春期和青年期才会成为人们极易受到压力、创伤、剥夺和成瘾物质影响的时期。

关于 20 ~ 25 岁这一时期的第二个重要发现是，在这几年，大脑的成熟度突飞猛进，尤其是掌管自控的区域。年轻人比青少年更成熟，但他们的成熟度仍赶不上近 30 岁的人，其控制冲动、情绪和防范同龄人影响的能力仍在提高之中。因此，许多危险行为都会在这一阶段达到顶峰，如犯罪、酗酒、鲁莽驾驶和不安全性行为等，且其中许多危险行为都发生在这一阶段。为人父母的你或许仍需不时地叮嘱处于这个年龄段的子女，表达对他们所做的那些冒险或鲁莽决策的担忧。遇到子女一时鲁莽冲动的情况，你也不必感到惊讶。

*

社会发生了变化。在一个人向成年期过渡的过程中，某一方面的延迟往往会引发其他方面的变化。拿工作性质的变化来举例：与上一代人相比，当今的工作要求的教育年限有所增加（是否必要则另当别论）。这种趋势导致越来越多的年轻人把更多时间花在学校里，他们要么在大学毕业后继续接受教育，要么在本科阶段学习额外的技能。平均来说，以前所谓的"四年制学位"，需要今天的美国大学生投入五年或更长时间才能完成。

教育时间延长产生的连锁反应，也会波及年轻人生活的其他方面。上学时间的延长，意味着进入全职工作的时间推迟，这往往也会延长子女对家长的经济依赖。由于这些变化，成年后结婚和组建独立家庭的时间也被推迟，从而使年轻人的生育时间大幅延后。

我们难以量化现在的年轻人步入成年期所需要的时间比过去延长了多少，因为这种转变不是由单一事件决定的。假设我们以大学毕业作为这个过程的开始，以组建家庭作为结束——诚然，并非每个人都从大学毕业和建立家庭，但这种构建时间轴的方法，可以有效显示过渡时间在几代人之间的变化。大多数中产阶级美国人都会完成大学学业，其中绝大多数人会结婚成家、为人父母，并且大都按照先结婚再生子的顺序进行。今天的年轻人是这样生活，上一代也是如此。

根据美国人口普查局和相关政府机构公布的统计数据，当今中产阶级的年轻人从毕业到组建家庭平均需要约13年的时间，而他们的家长走完同样的路只用了约8年的时间。

5年的差距或许看起来不大，却很可能改变你用来评估子女人生进程的标准。在家长看来，30岁还没有安定下来或许是吊儿郎当的表现，但按照当今的标准，这种节奏可能刚刚好。

今天，为人父母的我们也需要适应这种新的时间表。孩子步入成年的延后现象或许会变得更加普遍，这是因为优质工作对于教育的要求正在增加，而不是减少。人们在学校的时间越长，全职工作、经济独立、结婚和为人父母的时间点就越可能延迟。

很多家长习惯将成年子女的人生进程与自己在成长过程中遵循的时间表进行比较,这会让情况变得更加复杂。如果家中的子女不止一个,我们也很难通过与兄弟姐妹的对比判断个人的成长历程,因为即便在同一个家庭长大,每个人的个性、才能和抱负也可能各不相同。

在当今社会,如果子女已经30多岁却还未确立自己的职业或进入一段稳定的关系,那么家长很难不担心子女或自己是否做错了什么。不难理解,许多家长都想知道子女在生活中是迷失了方向还是一路坦途。在第七章中,我会告诉大家如何区分这两种状态。

近年来的社会巨变,使得越来越多的普通人步入成年的时间点也随之变化。2008年的金融危机和近几年的疫情,给二三十岁的年轻人的经济和生活资源造成了巨大的压力。随着住房成本的上升,许多子女不得不搬回父母家住,或者寻求经济援助。这样,家长被迫更多地介入成年子女的生活,这不仅超出了他们的意料,也超出了一些人的意愿。

综上所述,无论是子女、家长、科学认识还是社会的变化,都要求成年子女的家长通过不同的角度来思考自己的角色。

第一章 家长角色的转变

家长的角色不同以往

从许多方面而言,成功养育成年子女与之前的阶段大同小异,包括大方表达爱与支持、参与而不干扰子女的生活、倾听子女的观点、尊重子女、在子女需要的时候挺身而出。

除此之外,你也应该了解家长的角色发生了怎样的变化。当孩子处于婴幼儿阶段,你需要为子女提供照料、养育、刺激和安全感。当孩子念小学时,除了继续提供这些资源之外,你还要构建起一定的结构体系,帮助孩子在学校表现优异、结交朋友、能干自信,同时培养他们的同理心和道德感。当孩子进入青春期,你的角色从积极管理转变为提供指导和建议,帮助子女培养责任感和自主权,并开始设立道德指南针。

家长在子女早期阶段的成功教育,有助于培养出自信、富有同情心、能力强和有道德的年轻人——他们不仅对自己有相当清晰的认知,具备在世界上独立生存所需的基本技能,拥有由亲密的友情和亲情编织成的强大的人际关系网,并且有能力与爱侣建立稳固的关系。

在帮助子女达成绝大多数或以上所有重要事项之后,你的角色便是帮助他们把技能和能力落到实处。我会在下文中讲到，这一切虽然需要你的支持和参与，但也要小心不可压制子女的自主权。

想要做好这一点，作为家长的你所抱持的预期，需要与子女未成年时有所不同。

调整你的预期

十几岁的时候，吉娜每年复活节都跟父母和两个妹妹在家里度过。大三那年，吉娜给家里打了个电话，说她打算受邀去室友家度过即将到来的复活节假期。她向母亲解释说，她和室友在秋季学期去意大利做交换生时，室友的家人去佛罗伦萨看望过室友。在那周，她与大家相处得很愉快。她随口提了一句，说过去20年的复活节都是与家人度过的，所以今年想换种不同的方式。母亲很失望，并且不加掩饰地表达出来，从而引发了一场激烈的争吵。最后，母亲愤怒地挂断了女儿的电话。

几周之后，吉娜和母亲在这件事上达成了一些共识：未来，吉娜都要在家里过复活节。若偶尔有例外，必须提前通知父母。如果吉娜以后结了婚，基于吉娜和配偶的协商，母亲将对复活节的安排再做调整。

家长的预期或许有些强人所难，但背后往往有一定的道理。但是，也有不少家长会坚守已经不再切合时宜的理念。

第一章 家长角色的转变

5年前,当子女还住在家里时,或许有些事情的确行得通;但当子女已经开始独立生活时,家长的一些要求便不再可行了。

子女上大学时,你可能每天都会接到他们的电话或短信。但对于一个24岁、需要应对全职工作和独立生活的孩子来说,父母这样的预期或许会让他们觉得不近人情。

如果你在快30岁的时候,每周还会给父母打好几次电话,那么你每周日下午期待与你28岁的子女通话就是完全合理的。但是,如果你的子女的伴侣一个月只和其父母不定时地通两次电话,那么你若要求子女达成你们的沟通预期,便可能会使其感到困扰,甚至难为情。

当然,家长和成年子女之间的联系频率并没有一个正确或错误的答案,但是,你若能够理解你和子女看待这个问题的角度有所不同,或许就不会因为你们不常通话而断定你们的关系出了问题。

*

问问自己,你对自己与成年子女的关系抱有怎样的预期?尤其重要的是,你务必要弄清你和伴侣的预期是否相似,以确保子女不会从父母双方得到矛盾的信息。在孩子十几岁的时候,你和伴侣的意见或许一致,但在此之后,你们可能会对为人父母的方式产生不完全一致的想法——这种现象不仅存在,而且非常普遍。

阿莉莎已经完成学业，搬到洛杉矶，她想成为一名编剧。但她的父母霍华德和前妻萨曼莎在是否贴补女儿收入的问题上产生了分歧。阿莉莎靠当服务员的工资生活，每天在餐厅下班的空档写作，一直写到凌晨。她实得的工资不够支撑自己租房，因此不得不和另外两位女室友合租一间一居室的公寓，而室友的朋友经常在晚上来串门，噪声经常从分隔客厅和卧室的薄墙传过来。

几个月后，阿莉莎问父母能否帮她租一间小的单间公寓，好让她有更多的空间和安静的时间来写作，但父母对这个提议意见不一。父亲认为，阿莉莎一旦完成学业，就不该再依赖父母的支持；但母亲却认为，他们应该为阿莉莎提供补贴，直到她卖出第一个剧本为止。

两人商量之后，决定先帮她一年，然后再重新评估。过去，当霍华德和萨曼莎在这类事情上产生分歧时，最终都能达成妥协，比如阿莉莎上大学时两人该给多少零花钱。这个方法很有效，不仅能让离婚双方和睦相处，也避免了阿莉莎拿两人的矛盾做文章。"统一战线"不仅让两人的生活更轻松，也为阿莉莎的生活减轻了负担，因为这样一来，她更愿意毫无怨言地接受父母共同做出的决定。

*

对成年女子抱有过高的预期只会招致冲突，但故意降低预期，也同样会导致矛盾。

第一章　家长角色的转变

虽然我们通常不这么认为，但在神经科学家眼中，预期等同于预测。假设生日当天，你一大早起床，期待子女会在上午给你打电话祝贺，那就等于预测这件事一定会发生。

预测是被证实还是推翻，将极大地影响我们对于实际发生的事情的看法和感受，这与结果本身是否令人满意无关。原因在于，我们大脑中创造和监控预期的部分对**准确性**最为重视，且与决定结果令人满意还是失望的部分彼此独立。归根结底，我们对一件事的感觉不仅取决于实际结果，也取决于结果与期望是否契合。

遇到糟糕的体验时，我们当然会感到失望；如果加上期望落空，失望就更大了。出于同样的道理，如果我们度过了一段美妙的时光，与准确预期到这份美好相比，不愉快的预期会使体验大打折扣。准确的预期会增加积极体验的快乐，减少消极体验的失望。如果子女邀请你共享一顿美妙的晚餐，你带着积极的预期赴宴，那么你对晚餐的体验会更加美好。惊喜的感觉固然很好，积极的预期得到证实则更让人满足。

因此，无论是抱有过高还是过低的预期，都是自寻烦恼。

*

关于成年子女应该透露多少人生大事的信息，许多家长都需要对自己的预期加以调整。有些家长期望子女在成年后能够更加开诚布公，比如分享工作、婚姻或为人父母的起起落落，对于这些家长而言，这一点或许会让其难以接受。但是，子女比上一代人更少分享关于自己的信息，这种现象不仅存在，而且也很正常。

大部分子女都不愿意对家长报忧。或许他们不想让家长知道自己遭到解雇、在恋爱中吃了闭门羹，或是正在考虑让孩子从需要预付 6 个月学费的幼儿园退学。他们可能更愿意先与同龄人讨论这些话题，因为同龄人更有可能面临类似的挑战。在经历逆境之后，孩子更希望得到同情和理解，而不是从父母那里获得安慰或建议。

发现自己怀孕、有望升职，或是遇到了有可能步入婚姻殿堂的另一半……对于这些好消息，你的子女或许不会立即与你分享。（不难理解，他们或许想要等到怀孕时间更长一些、升职已经板上钉钉，或者恋爱关系已经持续了几个月的时候再透露。）

子女的沉默之所以让家长难以接受，还有另一个原因：总体来说，子女对家长的关照远不如家长对子女的关照多。

青年期是一个非常忙碌的阶段。如果子女订了婚、在某个遥远的城市得到了一份新工作，或是找到了一套新公寓，他们不大可能忘记把这样的消息告知你。但如果子女只是在工作中取得了优异的绩效评估、遇到了一个高中好友，或者计划和几个同事租一间海滨别墅，这类事虽然父母很愿意聆

第一章 家长角色的转变

听,但子女或许根本不觉得有提及的必要。

如果你得知孩子已经和朋友、同事、兄弟姐妹、表亲,甚至你的另一半分享了这些消息,这种被忽略的感觉会让你感到很难受。对于家长而言,发现自己在子女分享生活近况的名单中排名靠后,肯定会觉得难以接受。

就像你在青少年时期一样,许多年轻人非常重视与朋友的关系,他们会彼此互通日常生活中重大的(甚至琐碎的)变化。不要因为自己"最后才知道"而感到受伤,试着为子女有其他可以依靠和倾诉的对象而感到欣慰。这个人际关系网不会降低你的重要性,遇到真正重大的事情,你可能仍在孩子第一批被告知的人之列。

对于应该给予子女多少建议或帮助(除了我会在第五章讨论的经济援助),有些家长或许仍抱有过高或过低的预期。在进一步探讨之前,我想先在子女要求得到的帮助和家长主动提供的帮助之间做一区分。

除非你和子女非常疏离或住得很远,否则你的子女很可能会寻求你的帮助。如果你是一位手巧的机械师,而子女恰好需要有人帮忙修车,那么他们便有充分的理由要求你帮忙搭把手,你也有充分的理由主动提供帮助。如果已经为人父母的子女偶尔请你帮助照看他们的孩子,这也是合理的要求。但是,如果子女在你期望他们向你求助时,却转向其他人求助,这也可以理解,比如他们正好有个擅长机械的朋友。同样，你也可以说自己下午很忙，无法帮他们照看孩子。

不难理解，作为家长的你希望子女只有在真正需要帮助的时候才来求助你（也就是遇到没有你就无法完成的重大事项），而不要用过多的理由给你增加负担（比如频繁要求你做一些他们完全可以独立完成的事），并且要在你无法提供帮助的时候表示理解。同样，在子女张口（或通过暗示）求助时，你可以伸出援手，也可以在没时间或不愿意的时候表示拒绝。若要避免和子女闹得不愉快，一个好办法就是在感觉负担过重时，坦诚告诉子女，同时要求他们坦率表达想让你平时多帮点儿忙还是少管点儿闲事。这样一来，那些认为彼此自私自利或不近人情的误解便会减少。

在子女没有要求的情况下，家长是否应该**主动**提供帮助或建议，其中的"火候"就更难把握了。绝大多数年轻人对于自主权都抱有强烈且正常的需求，有时家长善意的帮助或建议可能与这种需求产生冲突。你可能很难想象子女对于捍卫自主权有多么敏感，因此，最好的方法还是等待子女张口，而不是主动插手帮忙。

尊重子女的自主权

成年子女对个体化拥有持续的需求，他们会要求在亲子

第一章 家长角色的转变

关系中拉开心理距离，而这种需求则是许多孩子与家长产生分歧的根源。每个家庭的具体情况不尽相同，其中可能涉及金钱、生活和养育子女的方式等，但冲突的根源大多在于子女对自主权的需求。家长充分了解子女需求的根源，并知道如何应对这种需求引发的各种挑战，就是与子女保持稳固关系的基础。

子女之所以要实现个体化，正是为了向家长、他人尤其是自己证明其独立性。随着年龄的增长，子女对自己、家长、亲子关系的看法也会发生变化，其中一些是有意而为（但通常不是故意而为），但大部分却是无意识的。个体化是一个过程，在这个过程中，家长似乎只能被动地接受子女不断变化的观点，事实却并非如此。实际上，家长在子女的情感发展中扮演着重要的角色，无论他们对这些变化的态度是拒绝还是接受。

谈到个体化，幼儿期和青春期是我们最先想到的两个主要阶段。那个似乎只会用"不！"来回应家长要求的 3 岁孩童（无论家长的指令是"出门前把外套穿上"、"把地板上的玩具捡起来，免得绊倒"，还是"该洗澡了"），其实只是在说："我是一个有自我意识的人。"

从政治观点到流行文化，再到晚上 10 点的宵禁，无论青少年与家长在哪些话题上产生了争执，实际上他们都是在表达："我已经长大，应该有自己的想法了。"

30岁左右的成年人，也会表现出类似且同样显著的特征。为了对成年子女的个体化需求有所了解，我们最好对孩子幼儿期和青春期早期的情况做一回顾，因为我们在这些阶段的表现，与30岁左右有着重大的相似之处。我们也同样需要了解，成年子女家长的应对方法，将如何对子女的个体化过程起到推动或阻碍的作用。

*

年轻人所经历的个体化过程与其3岁或13岁时存在诸多共同点，同时也存在许多显著的区别。幼儿对于个体化的追求，是要把自己打造成一个独立的人；而青少年的追求，则是把自己树立成一个具有独立观点的人。年轻人想要独立管理生活，脱离对家长的依赖。而且，与前几个阶段类似，30多岁的青年之所以追求个体化，也是意在向家长以及其他人，尤其是自己传递一条信息："我已经足够成熟，可以在没有家长帮助的情况下承担成年人的责任。"

了解这一点，可以帮助你更好地理解子女为何偶尔不愿接受你的意见、帮助或支持，即便这种拒绝会让你觉得不合理或带有侮辱性。

你旁敲侧击地提醒子女，说他家客厅的配色可能有点儿花哨，不料却惹得孩子大为光火。你心中不禁犯起嘀咕："你以前一直很喜欢我的品位呀。"

当处理过许多类似情况的你，建议子女如何应对难以相处的同事时，孩子却对你嗤之以鼻。这时，你不禁暗想："以前跟你说我是如何化解与同事之间的矛盾时，你总会称赞我是个人际沟通的高手呢。"

"我不明白你为什么不让我帮你？你为什么要自己干，两个人一起安装这个梳妆台不是更容易吗？"然而你的话只换来了对方的怒视。

当然，以上事例可能仅仅意味着子女对室内设计的品位不再与你相同，他们认为你应对办公室政治的方法在当今职场已经过时，或者他们只是喜欢独立完成家务而已。

但是，其中很可能还有其他深埋在潜意识里的因素。30岁的子女，可能对自己的品位、社交能力或手工技能仍心存疑惑，如果让你参与进来，不仅无法激发他们的自信，还会加剧他们的不安。

*

当今，由自主权引起的亲子冲突非常常见，冲突的强度则因家庭而异。影响冲突频率和强度的一个因素，在于文化背景。西方社会高度重视个体的自主权，尤其是在美国，脱离父母独立生活被视为一个人成熟的标志。对于表达独立性的方法和程度，父母和青春期的孩子往往意见不一。但当子女成年后，他们想要逐渐脱离家长的需求不仅可以接受，甚至成了一种必然。在美国，如果成年子女不够独立，就必然会引起家长的忧虑。然而，在其他很多国家和地区，人们却期望成年子女仍然与父母保持非常紧密的联系。孩子争取自主权的行为，会被视为一种不尊敬父母的行为。

大多数的亚洲和拉丁社会推崇一家人"相互依赖"，而非子女独立生活。从这样一个国家移民到美国的家长，往往会对这种世界观的差异无所适从。在美国长大的子女与家长对彼此的预期可能存在巨大的差距。当今成年子女与家长的关系要比家长年轻时疏远得多，一些家长或许会因此而烦恼和沮丧。在他们眼中，这种距离感或许是鲁莽无礼或不知感恩的表现——但造成这种距离感的根源，其实是家长与美国长大的子女在家庭关系方面的理念不同而已。

同理，对一个认为独立性对于塑造成年人身份至关重要的年轻人而言，移民美国的父母或许存在多管闲事或爱指使人的问题。这些子女认为，与来自非移民家庭的朋友相比，自己对家长更加忠诚，而实际情况或许也确实如此。而家长为什么无法赞同和承认这一点，这让他们匪夷所思。

在新移民家庭中，家长和子女会用不同的标准来评判二者之间的关系。家长会拿成年子女与他们自己对待其家长的方式相比较，觉得子女做得还不到位。然而，成年子女则会把自己对待家长的方式与朋友进行对比，认为已经超出了子女对待家长的标准。

如果你的家庭存在类似的情况，那就尝试用一种不加指责的方式与子女进行探讨，但不要以让子女对自己的行为感到内疚为目的。你可以说:"我明白,在这个国家,子女对待家长的方式和我们从小被教导的方式有所不同,但这让我们很难适应。不知咱们能不能在这两个极端之间找到折中的办法?"你可以明确表达自己的预期,但要温柔且善意地描述你希望子女如何表现:"我们非常关心你,所以才希望每天都能收到你的信息,确保一切顺利。我们可能比你朋友的家长要求得多,但你这样做会给我们带来莫大的安慰。对我们来说,拥有亲密的家庭氛围非常重要。"你可以试着理解子女在成长中所受的文化背景的影响,即使你对这种文化背景并不认同。

*

从另一方面来说,家长也希望自己的成年子女变得**更加**独立,尤其是在年轻人因自我怀疑而对家长过分依赖时。詹娜今年33岁,大学毕业后搬到了休斯敦。以前,她习惯每周都给芝加哥的父母打几次电话聊天,但在与男友分手后不久,她几乎每天都要和父母通话。

起初,父母以为这是孤独所致;但随着电话的继续,他们发现女儿越发爱在一些看似微不足道的事情上征求他们的意见。她把想买的碗盘的图片发给父母,让他们帮忙挑选,就连是否应该更换手机套餐这种事也要问。父母开始觉得,事情的苗头不太对劲。随着年龄的增长,詹娜并没有变得更加自主,反而更加依赖别人。如果这种情况持续太久,就会形成恶性循环，因为年轻人越是依赖父母，其自信心就越不稳定，从而会进一步加深对父母的依赖。

这种模式持续了几个月后，詹娜的母亲丹妮尔与丈夫杰夫谈论了这件事。

一天晚上，詹娜询问母亲丹妮尔，她的卧室墙壁该刷什么颜色。事后，丹妮尔趁着与丈夫喝茶时说："我觉得这种情况不正常——我们的许多朋友都在抱怨他们对子女的生活不够了解，我知道这么说很冷血，但我反倒宁愿不要了解女儿这么多的情况。像詹娜这个年纪的人，不应该遇到问题就来征求父母的建议。"

杰夫却不赞同她的观点，他说："我不这么认为，难道我们不该给女儿支持和呵护吗？子女需要帮助的时候，做父母的怎么能拒绝呢？毕竟，她刚刚和卡梅伦分手。也许，她之所以需要找我们咨询意见，就是因为身边没有男友了。"

"我不是说我们应该拒绝帮助她，"丹妮尔回答，"我只是在想，我们该不该从其他方面考虑？比如，她在本应变得更加独立的时候，却对我们越来越依赖，这是不是一种倒退？"

如果你的子女也面临类似的问题，你需要判断他们的依赖只是暂时，还是出于抑郁或过度焦虑等原因，这二者都会让孩子变得犹豫不决。例如，刚刚结束一段稳定关系的人，可能已经养成了与伴侣讨论决定的习惯——他们喜欢与了解自己的人交谈，也重视对方的建议。另外，有些人也会在与伴侣分手之后失去一些朋友，因为双方共同的朋友可能认为很难同时维持和这两个人的关系。年轻人刚刚落单时，可能会感到茫然失措，从而请家长来充当这个角色。

如果你感到子女对你的依赖随着时间的推移而减弱，这种担心便是多余的。当子女向你寻求建议时，请鼓励子女相信他们有能力掌控自己的生活。你可以这样说："我明白，在结束一段稳定的恋情后，所有决定都要由你独自来做，这种感觉肯定很陌生。"但是，请不要替子女做出决定，而是要通过提出问题，让他们自己选择。

詹娜的父亲建议试试这个方法。妻子丹妮尔虽然表示同意，但同时也坚称，如果一个月后情况没有任何改观，他们就需要开诚布公地和詹娜聊一聊。

之后，每次詹娜打电话寻求父母的建议时，杰夫或丹妮尔都会提出一些尖锐的问题，并对詹娜的回答表示认同，无论他们是否真的认同。他们觉得，相比表达自己的意见，让詹娜对自己的决策能力建立自信更为重要，事实也确实如此。

一天晚上，詹娜打来电话，问父母她该不该养狗。丹妮尔把问题反问回去。

"你觉得你有时间驯狗吗？"丹妮尔问。

詹娜回答："我在考虑养一只上了年纪的狗，已经受过训练的那种。"

"好主意。那狗怎么活动呢?"丹妮尔问,"你的公寓那么小。"

"这个问题我想到了,"詹娜回答,"我做了些研究,把范围缩小到法国斗牛犬或是博美犬。据我所知,这些品种非常适合放在公寓里养。"

"想得挺周到,"丹妮尔说,"听起来,你对自己的决定已经有把握了。"

"的确,我在网上花了很多时间调研,我朋友的表姐是位兽医,我还专门给她打了电话进行咨询,她给我提供了很多信息。我只是想在最后做决定之前听听你们的意见。"

"你知道吗,亲爱的?在这个问题上,你比我懂得多。我觉得你应该跟着直觉走,直觉通常不会错。"

杰夫和丹妮尔坚持使用着这种策略,几周之后,詹娜向两人寻求建议的频率渐渐变少。通过认可詹娜的能力,父母帮助她建立了信心。很快,詹娜开始在电话中告知父母自己所做的决定,而不是征求他们的意见。

从另一方面来说,如果子女的依赖背后没有明显的原因,你也可以询问几位与子女年龄相仿的朋友,问问他们的子女是否也有类似的行为。你可能会发现,子女对你的依赖并不是什么稀罕的事情,就像我在前文解释过的那样,与你的青年时代相比,这一代年轻人更习惯与父母讨论日常事务。然而,如果你担心这种依赖的原因是出于缺乏安全感或

第一章 家长角色的转变

自信,并且你和子女的关系亲密到打探几句私事也无妨的程度,那就应该好好谈谈。如果你的孩子有抑郁或过度焦虑的情况,不妨尝试通过心理咨询解决。

*

相比于求助家长,许多年轻人对家长的意见有疑虑,他们会转而听从朋友的建议。如果有条件选择,有些年轻人明知听从家长建议装饰的房间会更美观,但他们仍然会自己选择房间的颜色和家具。有些年轻人在没有家长指导的情况下,与同事一起解决了职场问题,即使解决方案并不完美,他们也能从中获得更多的满足感。在一些年轻人的眼中,虽然自己拼装的梳妆台看起来有些歪歪扭扭,但毕竟是自己亲手搭建的作品。

年轻人需要向家长和自己证明,即使没有长辈的帮助,他们也可以装饰公寓、解决办公室纠纷,或是按照说明书拼装家具。通过这些事,年轻人便能确认自己有足够的能力作为成年人独立生存,这是一种多么美妙的感觉啊!作为家长的你,不要因为害怕不被孩子需要,或是想帮子女避免一些错误,就剥夺他们的成就感。更重要的是,不要因为你自己此刻化解不了的情绪,就去阻碍子女的长期发展。

还要切记,不要把子女长大成人的进程与你自己的进行比较。

"当我像你这么大的时候"

与成年子女交流时，请尽量避免某些表达方式。其中最让人反感的表达，或许就是说："当我像你这么大的时候。"你当然经历过年轻时代，但你们成长的年代毕竟不同，因此，拿当年的你和今天的孩子做对比并不可取。当今，20岁、30岁甚至40岁的意义已经与你年轻时大有不同；同样，这些年龄的意义对你和你父母那代人来说也差异颇多。

"当我像你这么大的时候"——这句话总是带着一种贬低的意味，言下之意是说，你的子女尚未达到你在这个年纪的成就。你在子女现在这个年纪时，你早已结婚，不再单身；你住在有后院的四居室的大房子里，而不是蜗居在一套不带电梯的小公寓，或是仍寄居在父母家的卧室里。你在子女现在这个年纪时，你已是子女绕膝，而非丁克一族；你在工作中已经升至中层，而非还在底层打拼；你的储蓄账户已经非常可观，而非"月光一族"；你在经济上已经做到了自给自足，而非要找父母接济。

对一个年轻人说"当我像你这么大的时候"，就好比对一个4岁的孩子说"不要顶嘴"、对一个8岁的孩子说"大人说话小孩别插嘴"、对一个12岁的孩子说"等你长大了就明白了",抑或对一个16岁的孩子说"等大人问你的时候再发表意见"……这些表达都带有冒犯性,没有尊重对方。如果想让成年子女尊重你,那么你也需要尊重他们。

造成子女与家长之间代沟的两个最大的外部因素,在于工作环境和住房成本的变化。如今,劳动力市场的方方面面都发生了剧变,这是30年前所有人都始料未及的。与上一代人相比,一个人若要在当前就业市场上具有竞争力,其所需的教育程度必须高得多。老旧的工作销声匿迹,而闻所未闻甚至超乎想象的工作却在眨眼之间出现。人们既有的技能逐渐过时,对获取新技能的要求则越来越高。即便在疫情之前,家庭和工作之间的界限已在逐渐消失。清晨醒来,向你打招呼的是一夜之间收到的大量工作邮件,而成功则意味着甘愿时刻不停地辛勤工作,周末也不例外。

当然,还有住房问题。购房成本的上涨速度远远高于通货膨胀的速度。仅在过去的10年里,美国房价的中位数就上涨了约30%,而平均工资只上涨了10%。在过去的50年里,即便剔除通货膨胀的因素,房价的平均上涨速度也是平均工资涨速的5倍。这么说来,许多年轻夫妇必须有父母的帮助才能承担房子的首付,这是意料之外的事情吗?

正如我们在前文所看到的,今天年轻人青年期的时间表已经发生了根本性变化。上一代人30岁结婚成家是情理之中的事,今天,这种期望已经不符合现实,对受过大学教育的人来说如此，对那些在本科毕业后继续读研、读博的人就更是如此了。

如果你仍然无法摆脱"当我像你这么大的时候"的心态，那么在进行对比之前，你至少要把进行比较的年龄减去5岁。也就是说，如果你的子女今年35岁，那就把他们现在的生活状况与你30岁时进行比较，因为当代人步入成年，至少比上一代人迟5年。

这样一来，以后再说"当我像你这么大的时候"，你或许就是在表达你不如子女了。

第二章

共同成长

第二章 共同成长

缄口不言,还是直抒己见?

家长最常问我的一个问题是:"我什么时候该闭嘴?什么时候该表达情绪?"作为成年子女的父母,你可能常常需要缄口不言。每当遇到这种情况,你或许都会纳闷自己该不该直抒己见。

对于发表意见的频率和场合,不同家长的看法各不相同。就算选择勇敢表达,不同家长选择的表达方式也有所不同。我曾听到不同家长描述过两套截然相反的哲学,二者都存在问题。

一种观点认为,家长应该永远保持沉默。根据这种观点,表达思想就是自找麻烦,因为即使你的子女是你的后代,但他们毕竟已成年,有权过自己喜欢的生活。这种方法在理论上听起来不错,但在现实中却没有太大的意义。毕竟,你的一些亲密朋友也是成年人,如果你担心他们犯了严重的错误,仍然可以坦率发声。那么,什么样的人会在朋友做出糟糕决策时袖手旁观呢？同理，你为何不能向子女传达诚实的意见呢？即使你认为支持子女的自主权意义重大，但在某些情况下，为孩子的福祉表达合理的担忧才是最重要的。

如果你担心子女会因为你的直言而不悦，那就问自己 3 个问题：

- 你和子女的关系是否脆弱到让你无法对其任何重要的事情表达反对意见？
- 大胆发声的益处是否大于缄口不言的代价？
- 对待子女谨小慎微，会对你自己的心理健康造成怎样的影响？相比于缄口不言和委曲求全，直言不讳却不被倾听的感觉会更好受些。

只因家长一些无伤大雅的评论，成年子女就与家长断了联系，这样的故事你可能也有所耳闻。但缜密的研究告诉我们，亲子关系长期疏离的情况非常罕见。而且我也不相信，这种过激的反应是因误解了一句话引起的。如果表面看似如此，那么底层可能还有其他未被认识到的因素，比如父母与子女间积压已久的怨恨。

另一种极端理念则认为，如果家长与子女意见不同，那么家长就应该表达出来。这种立场背后的逻辑是，作为家长，你不仅有权表达自己的意见，而且**有义务**这样做。你的职责之一便是保护子女免受伤害，你向来如此，因此觉得没有理由改变方针。

你知道子女有权过自己想要的生活，也有权犯错。但你也知道，你比他们更年长、更聪明，也更深谙世事。如果你笃定（或相当确定）子女未来会后悔他们自己当初的决定，又怎能坐视不管呢？

问题在于，家长随心所欲地表达意见会与子女对自主权的需求相冲突，而这种冲突往往会让子女对你产生戒心，甚至与你逐渐疏远。

出于对子女幸福发自内心的关心，你或许会直言不讳地表达意见，但子女并非总会认同。很多成年子女都在努力解决他们自己内心的冲突，他们渴望成为自己和他人眼中既有能力又有担当的成年人。从很多方面而言，事实的确如此。你的出发点即使是善意的（即使你认为这种善意非常明显），你的批评也会引发子女自我怀疑、缺乏信心或羞愧自责。

这些不舒服的感觉可能会让子女对你心生怨怼，他们倒不是怨恨你的批评，而是怨恨自己确实像你批评的那样。对任何年龄段的人来说，自责的感觉都不舒服，这时，我们往往会把愤怒向外发泄给最明显的目标。由于整件事因你的发言而起，因此这个目标很可能就是你自己。这种怒气或许会让子女自己也无法理解，他们可能会告诉自己、伴侣或朋友："我也不知道为什么对家长生这么大的气，但事实就是这样。"

我明白，这样的解释无法给你慰藉。即便明白子女心中的想法，但发自内心说的话或做的事被视为一种无礼和侵扰，当然会让人伤怀。

向子女解释"我只是想帮忙"，或许偶尔能够缓和事态（如果子女没有受过太深的创伤或是拥有足够的安全感），但如果说得太频繁，对方也会逐渐充耳不闻。因此，如果你时时吐露心声，对于你、你的子女和你们之间的关系都是有害的。

这两种极端的立场都有其不足之处，因为二者都设下了一个严格的条框。盲目遵循一套原则当然很容易，因为这能让你省心，不必遇事便认真考虑该如何应对。但作为家长，你的目标不应是让事情变得轻松简单。对于缄口不言还是直抒己见，你必须做出艰难而谨慎的决定，这是一个你不得不接受的事实。子女还小的时候，为人父母不是一项轻松的差事，但是，子女成年后，也依然如此。

若要在这两个危险的极端之间做出选择，不妨遵守这条原则：**父母应在必须表达的时候发表观点；但如果子女没有主动要求，还是缄口不言为好。**

允许子女犯下不会造成严重后果的错误，要比你一味证明父母的英明更重要。如果家长能够长此以往坚守这条原

第二章 共同成长

则,你或许会发现,子女会越来越多地征求你的意见。

在决定是否"必须"直言不讳的时候,有3个因素需要考虑。

第一,子女要做的事情,是否会造成他们没有考虑到的有害或长期的后果?的确,无论子女成年与否,未来都能从所犯的错误中吸取教训。但并非所有的错误都无伤大雅,有些教训的代价是高昂的。比如,与有家庭暴力史的人结婚是很危险的;将留作买房首付款的钱投在带有投机性的"保赚赌注"上是个坏主意;在没有足够的积蓄或尚未找到新工作的前提下冲动裸辞有失理智……如果你出于这些正当理由而为子女担惊受怕,那就勇敢发表意见,注意在解释原因时避免说教,避免暗示子女缺乏头脑或太过稚嫩。比如:"我知道你想选的那个幼儿园很便利,但你的描述让我很担心——幼儿园不该给3岁的孩子布置什么家庭作业。专家说过,对于这个年龄段的孩子,寓教于乐的效果才是最好的。"

第二,请认识到你和子女的分歧或许只是观点不同,而不涉及问题的实质。你认为子女应该在两套公寓中租下面积较大的一套,但子女却想选楼里有更多设施的那套。与父母相比,子女和父母一代的育儿方法或许有所不同。毕竟,就像鞋子、食品和家具的流行趋势一样,育儿方法也会随着时代而变化。你年轻时被视为"正确"的育儿方法,或许今天已经不再流行,也不再受到儿科医生的推崇。(包括本人研究在内的数十年的家庭关系研究表明,家长在育儿方式上的细微差异,或许并不像每种方式的支持者坚称的那么重要。)你应该把你的意见发表在真正重要的问题上,这样,当你表达意见的时候,子女才更有可能认真倾听。这样做虽然不能保证子女听从你的一切建议,但他们更有可能考虑你的意见。

第三,问问自己,你对于和子女产生分歧的问题是否具有专业知识或经验。如果你是一名建筑承包商,那就比子女更清楚在参观待售房屋时应该关注什么;如果你是一名室内设计师,那就知道能在哪些地方买到最便宜的沙发或炉灶;如果你是一名小学老师,那就非常了解如何教孩子阅读识字。在为该不该发表建议上摇摆不定时,如果你的专业知识有助于避免购买不适合的房源、帮子女省钱、有助于孙辈培养重要的技能,或通过其他方式为子女的福祉做出重要贡献,那么我建议你直抒胸臆。

在对一些重要的事情表达异议之前,先思考一下哪种表达方式最适宜。尽量避免指令("不要把钱浪费在那种东西上面"),可能被解读为侮辱的评论("你在设计方面的眼光向来不行"),可能加剧子女和伴侣之间冲突的评论("我知道你们在这件事上各执己见,但你确实是对的"),不要把问题夸大成灾难("相信我,你一定会后悔这个决定的")。

你可以用提问的方式表达观点,效果要好得多。提出的问题旨在引导孩子更严谨地思考眼前的问题("我理解你喜

第二章 共同成长

欢这辆车的原因,但是你有没有想过,现在申请一大笔车贷,会不会让你为钱而焦虑失眠?"),或者鼓励对方搜集信息("我对电磁炉了解不多,只知道价钱很贵。你能说说为什么有人会觉得电磁炉比燃气炉好吗?")。温柔地鼓励子女对问题进行思考或者解释自己的选择,也许能改变你们双方的观点。无论改变观点的是你还是子女,都有助于在不伤害任何人感情的前提下缓和争端。

无论你选择如何应对,一旦决定缄口不语,即便子女做的决定带来了糟糕的后果,也不要事后说自己早就知道,只是当初不想表达而已。你的子女可能会暗忖甚至质问你,当时为什么不发表意见。(我懂,我懂,在有的问题上,父母说也不是,不说也不是。)如果你选择直言不讳,但子女无视你的建议,到头来却悔不当初,你也不要强调你早已警告过他们。如果事实证明你的建议确实是正确的,而子女却因为没有采纳而陷入窘境,那你也要帮忙弥补,或者尽可能帮他们摆脱困境,千万不要旧事重提,触及他们的痛处。没有人爱听"我早就告诉过你"这句话,尤其是从家长的口中。

如果过去的你总会在子女求助之前就提供帮助或支持,那么现在这种等待对方提出请求再行动的方法,难免会让孩子感到别扭。但克制本身就是一种帮助,通过克制自己,你其实就是在激发子女的自主权和独立性,这正是他们在这个年龄段所需的特质。

话虽如此，如果不积极为子女提供支持，你或许会感到焦虑难安，生怕子女与你有所疏远。然而，如果子女在童年和青春期一直受到你的呵护，他们就不会感觉突然遭到了冷遇。坦率地说，你的子女或许意识不到缄口不言对你来说有多困难，但他们仍然能揣测出你的用心。如果他们需要你的建议，便会自己主动开口提出。

因为缄口不言而感到内疚或焦虑，只是这一育儿阶段可能出现的诸多不适感中的两种。这种不适感未必意味着你做错了什么，很多时候只是表示你的做事方式与以往有所不同而已。有时候，陌生的行为也会让子女感到不适，而关键就在于想出好办法，通过最有效的方式缓解这种不适。

处理自己的不良情绪

仅仅因为子女已经成年，并不意味着他们就不再给你增添烦恼或失望。你花了很多时间为子女挑选了完美的礼物，但对方似乎并不感恩你付出的心血；你觉得子女只有在有求于你的时候，才会打来电话；子女明知你约了医生，却没有问你看诊结果如何；子女升了职，但直到他们朋友的父母给你打来电话祝贺时，你才得知这个消息。

每隔一段时间，你便会感到自己不被欣赏和重视，或是遭到了忽视或不平等的对待。这些情绪可以理解，你也不应

第二章 共同成长

为产生这些情绪而责怪自己,关键在于找出最有效的方式加以处理。你会对这些情绪视而不见,试着抛之脑后吗?还是思考一会儿,自己解开心结?抑或,你会为这些情绪纠结一段时间?对伴侣或朋友倾吐,或是向子女诉说你的感受?

答案取决于 3 个因素:你的性格,问题的严重性,以及问题发生的频率。其中,第 3 个因素最为重要。

我们中的一些人天性爱烦恼,我们会在脑海中反复回放事件,想象事态如果有所不同,我们的心情就会好很多。若能在子女打开礼物时看到他们脸上的表情,若能向朋友诉说几天前听到子女升职的消息时心中的自豪,那该有多好啊!有时候,我们会情不自禁地在脑海翻来覆去地思考同一件事,但研究发现,纠结往往会让你感觉更糟。因此,如果能够避免或停止纠结,你的心理健康也会因此受益。你可以尝试冥想或转移注意力,而不是陷在同一件事里出不来。

与伴侣或朋友讨论烦恼,其效果取决于你们的对话能否帮助你通过非消极的角度思考,还是会演变成心理学家所说的"共同冗思"①行为,即你抱怨情绪,而听者在大多数时间里予以共情理解。心理学家也对这个主题进行了研究,结果表明,有些共同冗思比独自沉思更不利于个体的健康(对与个体共同冗思的对象来说也同样无益)。同病相怜的说法当

---

① 共同冗思,指个体在双向关系中反复讨论问题和与之相关的负面情绪。——译者注

然没错，但在同伴离开之后，我们往往会感到更加痛苦。如果你想要谈论自己的烦恼，那就挑一个善于平息怒火的人，一个懂得让你更加客观地看待事物的人。你可能已经在自己的密友中找到这个人选了。

相比之下，一些人则习惯采取相反的措施，也就是不去思考问题或反省问题出在自己的反应过激。从某种程度来说，这些策略带来的得失取决于你是能接受自己的情绪并继续前进，还是意在否认情绪？前者不失为一种好方法，后者则存在问题。拒绝接受不良情绪会消耗更多的情感能量，让人心力交瘁。相比之下，你更应该努力认识到情绪的存在，了解情绪的起源，并寻找方法来避免未来产生同样的情绪。问题或许出在你过高的预期导致了心理落差，如果真的如此，你可以试着将期望降低。

最困难的决定，在于你是否要把心中的烦恼告诉子女。对于这个决定，重点在于思考问题的严重性和发生的频率。如果子女忘记打电话询问你看诊的结果，你也不必深究，可以提醒一句："我不记得有没有告诉过你，但是我今天和医生预约了门诊检查心脏，结果一切正常。"如果你做了一场较为重大的手术，子女却没有询问结果，你便不妨表示："真没想到，你居然没有打电话问我的血管成形术进行得顺不顺利？我不是告诉过你，我要在医院住一夜吗？"

从事件发生的频率来看，如果子女经常对你欠缺体恤，

第二章　共同成长

说出来不失为明智之举。所谓"经常"并不能用一个神奇的数字来定义，重要的是你要在心生怨恨之前表达出来。一旦心生怨恨，你就会停止做子女认为理应由你做的事，或者降低自己的预期，在亲子关系中愈发疏离。这种做法的危险在于产生恶性循环，导致你和子女的隔阂越来越大。为了缓解问题，你不妨试试这样交流："你知道吗？我总是觉得自己不被欣赏和被人忽视，好像我做的事情是理所当然。虽然不总是这样，但我经常会有这种感觉，所以必须说点儿什么。"

你的子女很可能会感到惊讶和愧疚。如果他们让你细数所有让你失望的事项，你可以回答："我倒没有一一记下，但请相信我，这种情况已经频繁到了我不得不说点儿什么的程度。"

在谈话的末尾，你也可以告诉子女，如果他们对你也有类似的不满，觉得你对他们的付出不够感激、误解了他们说的话，或者没有让他们参与他们认为理应参与的事情之中，那么他们也应该直言不讳，而不是压抑自己的感受。

每个人都有一些会在人际关系中引起磕磕绊绊的特质。读到这里，你已经知道你所做的一些事会惹得子女不悦，也会尽量加以避免。然而，你或许还没有花足够的时间思考哪些做法会让自己不开心，以及子女的哪些无心之举会惹到你。

人类有一种与生俱来的天性，习惯把别人的过激反应归于固有的缺陷，却把自己的过激情绪视为合情合理。也就是说，我们会把别人的行为归咎于其个性，却认为自己的行为是外在环境带来的不可避免的后果。

和所有人一样，你也有自己的问题。你或许无法完全消除这些问题，但意识到自己会被哪些无心之举激怒，有助于你与子女（以及所有人）建立更为和谐的关系。

痛点、痛处、触发点、神经敏感……无论冠以怎样的名号，这些特质是人人都有的，并且不是人人都能意识到的。但对熟悉我们的人来说，却往往旁观者清。当被别人指出这些缺点时，我们有时会不好意思承认，有时则不情不愿、寻找理由反驳，甚至矢口否认（讽刺的是，拒绝承认自己的缺点恰巧也是人皆有之的一大缺点）。

我们中有些人对批评过于敏感，有些人则倾向于吹毛求疵（二者经常同时出现）。有些人狡猾多疑，有些人敦厚老实；有些人忍受不了杂乱，有些人则对杂乱浑然不觉；有些人节俭朴实，有些人挥霍无度；有些人心绪敏感而容易受伤，有些人对过去的仇恨耿耿于怀；有些人在犯错时不懂得道歉，有些人却对道歉一方强加不必要的罪恶感；有些人无法忍受争辩，有些人则非要争出个所以然来。

这些特征大都非常普遍，以至于心理学家专门发明了相应的术语。很多人都容易受到"负面情绪易感性"[①]的影响，即一种沉迷于悲伤、愤怒或焦虑等不良情绪的倾向。另外，

[①] 负面情绪易感性是一种广义的人格特质，这种人具有容易感知消极情绪的倾向，更有可能出现消极的情绪状态。——译者注

一些人有很高的"拒绝敏感性"①，习惯挖掘和寻找别人不喜欢自己的种种迹象。

我不认为试图了解这些痛点的起源有什么太大的意义，也没有太多证据表明找出本源就能化解痛点。然而，了解哪些因素容易激起这些反应，则是很必要的。

任何两个人之间的沟通结果，往往是双方未经表达（有时是无意识）的预期、偏见和习惯的产物。你可能会在一番自我探索后发现，与子女出现问题的主要原因在于你自己，也就是说，是你个人的问题影响了你对子女行为的解读。

在你仓促得出子女伤害了你的结论之前，先停下来，看看自己有没有背负什么情感包袱。问问自己，你是否过于敏感或是太过戒备。有时候，这些创伤都是你自己造成的。记住，一个巴掌拍不响。因此，学会通过缓解而非加剧问题的方式解决冲突，其意义可想而知。

建设性地解决争议

每个人都理解冲突带来的消极影响，却常常忘记冲突的积极收效。冲突促使我们表达而非压抑自己的感受；冲突让我们因震惊而思考原本视为理所当然的事情，从而改变做事

---

① 拒绝敏感性是指个体对于遭到拒绝出现焦虑预期和反应过激的倾向，这些特征也是边缘型人格障碍个体的标志。——译者注

方式，让问题得到解决。如果在生活中处处规避冲突，则会让我们局限于肤浅的人际关系之中，在心理发展中止步不前。

你可能会与处于青少年期的子女产生诸多分歧，因为家长和子女之间的争端会在子女步入青春期后不久达到峰值。尽管这种冲突的频率和强度可能会随时间的推移而下降，但它不会完全消失。即使一些问题能够得到解决，新的问题也会层出不穷，因为你将与子女在以前不必处理的问题上产生新的分歧。在子女小的时候，你们从来不必纠结如何最有效地为买房攒钱，如何在本家和夫家或娘家之间分配假期时间，或是如何抚养下一代。

家长和成年子女之间的冲突可能出于以下几个原因：一方觉得另一方威胁到了他们的价值观、理念、生活方式、公平感或领地感；双方虽然能对最终目标达成一致，但在实现目标的方法上却存在分歧；某种资源不足以支撑双方共享（这种资源可能是有形的，比如金钱或空间；也可能是无形的，比如时间、注意力或情感）；抑或是双方之间的沟通不幸破裂。

处理得当的冲突，可以缓解以上所有矛盾。冲突可以帮助人们更好地相互理解，引导人们以有助于缓解矛盾的方式澄清问题，制订让双方都更加满意的新目标，从而重建关系。然而，如果冲突以人身攻击和权力斗争的形式出现，便

第二章　共同成长

会对人际关系造成伤害。负面冲突会制造怨恨和敌意，带来混乱、安全感缺失和自尊心降低，从而使得当事人很难甚至无法在日后针对某些问题和行为进行有效而理性的探讨。当你和子女"势不两立"时，只能落得两败俱伤。

*

面对冲突，家长和孩子最常用的4种解决方法分别是：拒不让步、妥协退让、回避问题和妥协折中。尽管每种策略都有各自的用处，但也都有缺点。以下是许多伴侣试图权衡如何在两个家庭之间分配假期时常常出现的场景，让我们看看以上每种方法在这种场景下的效果。

在结婚之前，杰伊和迈克尔会分别与各自的大家庭共度感恩节，与自己家的亲人团聚在一起。即使在订婚之后，两人仍然分开过假期，通常在节日结束后的周末团聚。杰伊和迈克尔住在芝加哥，他们的家人分别住在密尔沃基和麦迪逊①，双方家里的房子都没有足够大的空间容纳两家人一起过夜。

10月下旬，为了决定新婚后第一个感恩节该在哪里度过，杰伊和母亲发生了一场激烈的争吵。杰伊的母亲坚持让杰伊和家人一起过感恩节，还准备了杰伊从小吃到大的传统美食。她表示欢迎迈克尔加入，但这个家庭不会因为杰伊结婚就中断持续了30年的传统。事态可以按照以下4种途径

---

① 芝加哥位于伊利诺伊州，后两个城市均位于威斯康星州。——译者注

发展。

拒不让步：杰伊的母亲拒绝考虑其他选择。杰伊指责母亲太固执，不为别人着想，但她仍然拒绝让步，惹得杰伊怒火中烧。

妥协退让：杰伊告诉迈克尔，除了妥协找不到其他解决办法。迈克尔说可以陪杰伊一家共度节日，跟自己的家长解释今年的冲突，但两人需要在明年找到一个更好的解决方案。最后，两人带着怨气去了杰伊的父母家，但桌旁的每个人都知道迈克尔做了怎样的牺牲，导致气氛别扭而尴尬。对于迈克尔的家人来说，没有迈克尔的感恩节，家人也很不愉快。大家都在担心，未来的节假日是否还会出现这样的问题。现在，怨气已在两个家庭之间蔓延开来。

回避问题：杰伊告诉迈克尔，他们应该回避冲突，两人可以安静而浪漫地度过婚后的第一个感恩节。但细想起来，他们意识到这只是在推迟不可避免的矛盾而已，两人迟早都得想出一个可行的解决方案。他们都很清楚，回避可能会暂时缓解问题，但解决不了任何问题。

妥协折中："我有个主意，"迈克尔告诉杰伊，"我们可以吃两顿感恩节大餐——先跟你的家人吃午餐，再和我的家人吃晚餐，或者调换一下先后顺序，怎么方便怎么来。"

"你明知这样做的结果是什么，"杰伊说，"我们的家长会因为谁准备午餐和谁准备晚餐而抱怨起来，因为我们只能

第二章 共同成长

待很短的时间,所以双方都觉得自己吃了亏。另外,你跟我还得坐 7 个小时的车,而且我们的肚子里装满了色氨酸①和红酒,随时都可能在高速公路上昏睡过去。"

由于从小受到的教育,绝大多数人会将妥协视为解决冲突的最好方法,但事实却并非如此。有人曾说,所谓妥协,只是确保任何人都不会对解决方案完全满意。

*

而除此之外的第 5 种方法,通常比上述方法都更为有效,那就是协作解决问题。

协作解决问题的目标,是找到一个让每个人都满意的解决方案,这种方法在商业范畴很常见。该方法虽然比之前描述的其他方法花费了更多的时间和精力,却往往能够更加有效地缓解怨气和避免伤害,并最大限度地提高真正解决问题的可能性。这种方法要求当事各方共同努力,提出一个大家都能接受的解决方案。各方需达成一致,彼此尊重,避免谩骂、讽刺和贬低,并听取彼此的观点。大家集思广益地提出一系列可行的解决方案,但暂时不要加以评判,在此之后,再开诚布公地讨论各种方案的利弊。

杰伊和母亲用这种方法成功解决了问题。

杰伊建议大家齐心协力,一起找出解决问题的办法。为

---

① 一种氨基酸,有调节精神节律和改善睡眠的作用,存在于牛奶等食物中。——译者注

了表示诚意，他开车到母亲在密尔沃基的家，母亲则烤了杰伊最喜欢的曲奇饼干作为回报。几块热曲奇和一杯热茶下肚，两人逐渐意识到，至少对目前来说，最好的解决办法就是举行两次感恩节大餐，一次在周四，一次在周五，之后每年由两家轮流举办。双方的家中都有一间客房，杰伊和迈克尔可以在那里过夜，避免把一天中太多的时间用在路上。回家后，杰伊和迈克尔还能赶在周六晚上在芝加哥吃一顿浪漫的二人晚餐。

"好吧，"杰伊的妈妈说，"但是，第一年'真正的'感恩节大餐由哪家准备呢？"

"你在开玩笑吧？"杰伊问道。

"当然了，"她半开玩笑半当真地回答，"但我还是觉得第一年应该交给我们来办，因为我毕竟为解决方案出了一份力嘛！"

与成年子女偶尔产生分歧是不可避免的，与伴侣在抚养子女的方式上产生分歧，同样也在所难免。

如何处理与伴侣的意见分歧

想要与伴侣成功地共同抚养成年子女，其中的基本要素与子女小时候没有什么区别：给予伴侣支持、关心和帮助。除此之外，产生问题的主要根源也与子女小时候类似：化解

第二章 共同成长

对于某个涉及双方问题上的矛盾。当然,问题本身的具体内容,也会随着时间的推移而改变。

在子女长大成人之前,你与伴侣不必考虑是否需要对子女未来的另一半交流看法,给予多少经济上的帮助,或者要不要表达对子女育儿方式的担忧。然而,当这些问题突然冒出来的时候,你们可能会发现,你们夫妻双方对于处理的方法各执己见。

子女向成年的过渡,也可能会改变你和伴侣中一方或双方与子女的关系。你或许会发现,就像大多数家长一样,随着子女成长阶段的变化,你与伴侣的参与程度和方式也应随之调整。在孩子上学前班时,你们中的一位喜欢在返校之夜① 观看孩子和同学展出的画作,另一位只能佯装感兴趣。孩子上学后,你们中的一位很愿意为孩子的足球队当教练,另一位可能漠不关心。孩子到了可以考驾照的年龄,你们中的一位会教孩子开车,另一位则一想到孩子要开车上路就胆战心惊。

随着子女步入成年,家长能够参与他们生活的机会也会改变,当然,其中的一些机会对于你要比对于伴侣更有吸引力,反之亦然。尝试关心成年子女的兴趣爱好是件好事,但如果你们中的一位比另一位更乐于参与,也没有什么问题。

---

① 美国学校的一种制度,多安排在刚开学不久,老师会向家长介绍接下来的课业,以便家长配合老师辅导。——译者注

尽量避免将这些差异视为子女在你们之间有所偏向的象征。希望子女爱你们、尊重你们是因为当下和过去的你们是什么类型的家长，而不是因为一方对子女在特定时间段热衷的活动更擅长或更感兴趣。

父母与子女三者之间的关系，难免会出现磕磕绊绊。有时候，听着子女和伴侣围绕着某个你不感兴趣或不了解的话题滔滔不绝，你会感觉自己就像个局外人；有时候，你还会发现他俩曾在私下里讨论过你。与过去一样，这种关系也会在未来某个时段出现逆转，到了那时，你便会成为与子女走得更近的一方，而伴侣则会感觉受了冷落。

与其为没能加入你本就不感兴趣的活动而遗憾，不如后退一步，欣赏伴侣和子女如何就共同兴趣交流互动。你或伴侣与子女的关系，并不是一场零和游戏。如果你能够控制住嫉妒和受到排挤的感觉，就会发现子女与伴侣的亲密关系不但不会破坏你与子女的关系，反而能起到巩固作用。看到伴侣与子女在一起共度美好时光，安全感十足的家长会感到欣慰，而不是嫉妒。如果看到子女与伴侣共享欢乐会让你心中不是滋味，那你应该责怪自己，而不是你的伴侣。

*

家长在如何对待子女的问题上产生分歧时，常常会探讨夫妻双方是否应该建立"统一战线"。子女的年龄越大，这一点就越不重要。如果子女尚未步入青春期，父母建立"统一战线"不失为一种好方法，因为年幼的孩子可能会因家长意见不一而感到不安和困惑。但等子女到了十几岁时，他们就能意识到亲人的意见往往不一致。进入青春期的孩子具备了必要的认知能力，他们已经理解，对于同一个问题往往可以存在不止一种合理观点。

同理，父母向成年子女展示他们的"统一战线"是毫无意义的，因为成长到这个阶段的子女已经知道谁在某些问题上容易耳根软，谁会更加坚持自己的立场，因此孩子一眼就能看穿这种意见统一的虚假表象。你可以对孩子说："你爸爸和我在这件事上意见不一致，但我们还是达成协议，这一次最好跟着我的直觉走。"

处理与伴侣在第二次（或第三次）婚姻中出现的育儿分歧更加棘手，因为他们的许多育儿理念在成为继父母之前就已根深蒂固。一种对亲生父母而言完全合理的方法，可能会让继父母感到不安，甚至无法接受。不难想象，如果家长中的一方在抚养子女上非常宽容或非常严格，而另一方的态度截然相反，便会频繁引发矛盾。

这就是彼得和玛丽亚需要面对的问题。他们50多岁时在圣地亚哥相遇，之前都有过婚姻，也都有各自的子女。玛丽亚的两个女儿20岁出头，正在上大学。彼得的一双子女已经大学毕业，分别住在美国东西海岸。

恋爱一年多之后，彼得和玛丽亚决定结婚，他们卖掉各自的房子，共同购置了一处房产。搬家后，玛丽亚、彼得和玛丽亚的两个女儿来到亚利桑那，在玛丽亚的姐姐家住了一周的时间。这是彼得第一次长时间拜访玛丽亚的家人。

到达亚利桑那的第一个晚上，玛丽亚姐姐为6人做了晚餐。大家吃完后，玛丽亚的两个女儿坐在桌旁窃窃私语，连桌子都没有动手清理，更别说主动帮忙洗碗了。彼得让玛丽亚的姐姐和姐夫休息，他和玛丽亚负责收拾桌子，把盘子放进洗碗机。他本希望此举能提示两个继女帮忙，却无济于事。他虽然心中感到不快，但并不想为这件事争吵。

当天晚上，彼得上床睡觉时仍然怨气未消，他对玛丽亚抱怨说："你的两个女儿就像公主一样娇生惯养，这怎么能行！你明天早上应该找她们谈谈，她们简直太不懂事了，她们应该道歉。"

"我觉得没什么，"玛丽亚打着哈欠回答，"她们一向如此。只要她们在学校成绩不错，不惹麻烦，我就没什么可抱怨的。"

彼得不想再说什么，也没有再继续争论。他躺在床上劝自己说，等到这两个姑娘再长大一些，她们可能就会变得通情达理了。

然而，两个继女的礼仪问题并没有随着时间的推移而改变。现在，这两个继女已经二十五六岁，但每当4人一同参加家庭聚会时，她们还是和小时候一样不为别人着想。鉴于

第二章 共同成长

两人的年龄,彼得更气恼了。

一天晚上,在与彼得一家共进节日晚餐后,两个女儿又像平时一样无动于衷。彼得再一次向妻子表达了他的不悦,但玛丽亚却说,没人能劝动这两位姑娘。

彼得不想争辩。入睡时,他劝服自己,玛丽亚或许真的言之有理,硬让两个姑娘学会礼貌待人是行不通的。他还得出结论,这件事不该由他插手,耿耿于怀只会伤害两人的婚姻。尽管两个女儿的无礼一如既往地让彼得恼火,但他再也没有跟玛丽亚提起这事。

无论你只有一次婚姻,还是已经步入了第二次或第三次婚姻,都要在共同抚养子女的时候谨记:你与对方是一对伴侣,管理好你们之间的关系,与管理好和子女之间的关系一样重要。大多数时候,当你和伴侣对成年子女的行为有不同看法时,试着遵循我在上文中概述的3种策略:妥协折中;让较有经验的一方决定最适合的方法;或者进行一次友好的讨论,接受一方的提议,求同存异。

第三章

精神健康

第三章 精神健康

青年期的人容易情感脆弱

大多数严重的心理健康问题首次出现的年龄段，集中在 10～25 岁之间。这些问题包括抑郁障碍、焦虑障碍、物质使用障碍、进食障碍和行为障碍，以及精神分裂症和双相情感障碍等精神病性障碍。同时，如孤独症（自闭症）谱系障碍（ASD）或注意缺陷／多动障碍（ADHD）等少数经常在青春期之前出现的问题，通常会持续到一个人的青年期。

心理健康问题在成年人中很常见，每年，都有 1/4 的美国成年人患有可诊断的精神障碍。但就年龄段而言，最容易受到心理健康问题影响的则是青少年和青年。在疫情之前进行的全美调查（在疫情暴发后，所有年龄组的心理问题发生率都出现了显著增加）中，18～25 岁的人报告的精神障碍发生率高于其他年龄组，其中一部分人从青少年时期就一直受到这些问题的困扰，一部分人则在 20 岁出头时首次出现精神障碍。

近几十年来，年轻人中普遍存在的心理健康问题出现了急剧上升的趋势。根据年度调查数据，2008—2017 年，18～25 岁人群出现精神障碍的概率大幅增加。一项研究表明，过去一个月内发作过重性抑郁障碍的青年占比在 10 年间翻了一番；而在其他年龄组别的成年人中，重性抑郁障碍发作的概率并未出现变化。

相比于出现重大临床症状的人，报告出现心理困扰的人则更多。2017 年，约有 13% 的美国青年报告说，他们在过去一个月经历了严重的心理困扰。这一数字在 2008—2017 年间几乎翻了一番。相比之下，在同一时间，年龄在 26～49 岁之间的成年人出现心理困扰的概率仅略微上升，而 50 岁及以上的人群则没有出现变化。自杀念头在 18～25 岁的年轻人中也急剧增加，而出现自杀念头的 30 岁左右的人群也同样出现了大幅增加。

我们都有所耳闻，在疫情防控期间，各年龄段人群的心理健康问题都出现了惊人地增长。报告出现抑郁或焦虑症状的美国成年人的数量，从疫情前的 11% 飙升到了疫情防控期间的 40% 以上；超过 13% 的人报告自己的药物使用有所增加；超过 10% 的人在调查中表示，他们在过去的 30 天里出现过自杀的念头。

第三章　精神健康

这场疫情对年轻人的心理健康的损害尤其严重。据年龄在 18～24 岁之间的人群报告，近 2/3 的人在疫情防控期间出现了抑郁或焦虑症状；1/4 的人报告说，他们为应对与疫情有关的压力增加了药物使用；还有 1/4 的人报告说，他们真的考虑过自杀。

从指标来看，无论是在疫情之前还是之后，十几岁和二十岁出头的人都比其他任何成年人更有可能出现严重的心理健康问题，而年龄在 25～40 岁之间的人群也"不甘其后"。

若要了解心理健康问题为何在年轻人中如此普遍，我们不妨从更广泛的角度来审视产生心理问题的原因。

大多数心理问题，都是心理脆弱和外部压力双重影响的结果。内在的心理脆弱或许是天生的（如遗传了容易成瘾的倾向），也可能是因过去的经历导致的（如儿时被虐待），抑或是神经发育所致（如处于大脑可塑性特别强的年龄段）。外部压力可能是慢性（贫穷）或急性（接触战争）因素、生理（疾病）或非生理（失业）因素、人际（分手）或环境（飓风）因素、主观（担心暴风雪可能会导致错过回家的末班飞机）或客观（在候机楼里枯坐一夜等待机场重新开放）因素。

心理问题是内部心理脆弱和外部压力共同作用的结果，因此，即便暴露于相同类型和程度的压力（如所在地出现犯罪率激增）之下，心理承受力不同的人（如对于不愉快事件或强或弱的天生情绪反应）受到的影响也会有所不同。情绪敏感的人可能会因焦虑情绪而心力交瘁，而情绪相对稳定的人则可能不会受到影响。如果你觉得子女对诸如恋情结束等压力事件的反应过激，在发表评论之前，请切记这一点：每个人的性情各异，反应不同是正常的。

出于同样的原因，对一个因遗传而易感抑郁的人而言，如果能在充满爱的父母的陪伴下长大，便有可能永远不会患上抑郁症。而具有相同遗传易感性却遭到家长情感虐待的人，则更有可能患上抑郁症。这一点有助于我们理解，焦虑症的发病率虽然在疫情防控期间整体出现骤增，但并未损害所有人的心理健康。客观来说，这场疫情给数以百万计的民众带来了压力，但他们中的一些幸运儿拥有更加强大的基因，从而拥有了一道心理防线。

考虑到所有这些因素，年轻人如此容易受到心理健康问题侵扰的原因便显而易见。正如我在前文所述，大脑的高度可塑性使这个年龄段的人群更易受到环境的影响。大脑的可塑性使青年更有可能从积极体验中受益，但也更有可能受到消极体验的伤害。年轻人之所以最容易受到疫情的伤害，其中一个原因也在于此。

即使没有这次疫情，年轻人面临的环境压力也比其他年龄组都要大，这使得他们比其他年龄段的人都更易受到精神困扰。

第三章 精神健康

处于这个年龄段的人,大多正在经历从高中毕业到进入大学的时期,其中很多人要搬出父母家,切断重要的人际联结。对很多年轻人来说,住在大学里的经历是一种解放,但一部分年轻人却将大学生活视为一段恐怖的经历。从学术上来说,大学里的要求可能远比高中时代更加严苛,尤其在当下,完成大学学业往往意味着未来巨大的不确定性,它涉及工作、生活方式、财务状况和情感生活等领域,还有偿还学生债务、申请研究生等事宜,甚至不得不面临搬家等问题。

据我们所知,早在科学家运用工具探测和记录大脑的高度可塑性之前,大脑在这一特定时期的高度可塑性就一直存在。数百万年的进化,使得年轻人的大脑对环境条件的反应尤为灵敏,从而帮助他们在独立踏入世界之前获取有益的新知识。然而,正如我在前文提到的,这种敏感性也会导致年轻人的大脑尤其容易受到压力的影响。在最近的几十年中,这种压力敏感性变强的趋势或许没有出现变化,因为几十年的时间太短,不太可能使大脑受到进化的影响。

更可能出现的情况是,由于经济状况的不确定、名牌大学的入学竞争激烈、劳动力市场充满挑战、住房和教育成本上升,以及对社交媒体的过度关注,年轻人所承受的压力不减反增,在最近几十年尤为如此。气候变化、文化和政治分歧、令人恐惧的国际冲突、不断加剧的枪支暴力,以及疫情可能永远不会完全消失的可能性,都让诸多年轻人滋生生存焦虑。过去的 20 年来，年轻人抑郁、焦虑和出现自杀念头的增长趋势令人担忧，如果想要扭转局面，我们必须找到缓解压力的方法。

*

想要帮助成年子女避免患上严重的心理健康疾病，家长可以采取 4 种措施，但请记住，即便你竭尽全力，有时也不能确保一定能够避免疾病。家长的行动能产生多大效果，取决于子女是待在家中、住在大学还是独自生活。但对于上述各种情况，家长都可以采取相应的措施，帮助子女减轻压力。

第一，家长必须为孩子提供爱、支持和安慰。做一个慈爱且与子女关系密切的家长，对成年子女的心理健康有着重要的意义，但这一点却往往被很多家长所忽视。无论是孩子大学毕业、找工作还是搬到新的住处，在面对这些令人焦虑的转变时，知道自己能够向父母寻求情感上的支持，这对子女而言非常重要。请记住，这些转变既可能让人跃跃欲试，也可能让人焦虑担心，如果子女只与你谈论自己的期待，或者你只会询问子女新生活中积极的一面，那么你很可能感受不到对方的焦虑。你不妨这样与子女沟通："这些对你来说都是重大的转变，你应付得来吗？"

年轻人也要明白，遇到失业、朋友发生意外或与恋人分手等遭遇时，无论是在事前、其间还是事后，他们都可以向家长求助。这些事情有时会毫无征兆地发生，但通常都会提前发出一些信号。比如，雇主在过去一个月里频繁裁员、朋友在过去一段时间一直饱受物质滥用①的困扰，以及恋爱关系在过去的一年里屡次触礁。无论在生活的哪个阶段，这些消极的经历都会给当事人带来压力，但如果当事人的大脑对压力特别敏感，事件的影响便会被放大。

你可以问问子女如何应对这些情况，并表达你随时都愿意和他们一起探讨的意愿。在引出这个有些难以启齿的问题时，你不妨这样说："你上周说过，公司裁员的事情搞得你提心吊胆，现在好些了吗？"即使子女不接受你主动交谈的提议，但知道你愿意帮助，也能给他们意义重大的安慰。当子女遭遇困难的处境时，你可以时不时地打听一下他们的状况（但不要过于频繁）。要关注子女发出的信号，看看自己是不是管得太多。例如，平日健谈的子女如果觉得家长多管闲事，便会变得沉默寡言起来。

第二，要尽量减少子女生活中的压力，因为压力导致子女出现心理健康问题的可能性增大。你可以在子女经济困难时接济一下；如果子女的工作非常辛苦，你可以送一张按摩券；你还可以主动提出帮子女照看孩子，好让他们出去放松放松；你也可以送给子女一些你认为很特别的礼物，比如剧

---

① 物质滥用也称药物滥用，是指使用酒精、烟草、药物等物质的数量或者方法对于自身或他人产生危害的情况。——译者注

院、体育赛事或是周末度假的门票，帮助他们把注意力从压力事件上转移出来。如果你本人就是造成他们压力的来源，那就立即采取措施予以纠正。你的子女不需要倾听你在工作中遇到的问题或是与朋友的冲突，也不必听你絮絮叨叨地抱怨年纪大后身体出现的各种毛病。

第三，帮助孩子管理压力。老板吹毛求疵、宝宝得了腹绞痛、房东满嘴应承维修房间却什么都不做……这些都是子女无能为力的情况。面对压力，他们有权选择用健康或是不健康的方式加以应对。你可以温柔地提醒子女抽时间锻炼身体、好好睡觉、保证饮食健康、进行正念练习……所有这些措施，都有助于让他们减轻压力。（这些技巧对任何年龄段的人都有效，如果你因为子女或其他问题而感到压力，不妨也加以尝试。）如果你怀疑子女依靠酒精或药物进行舒压，那就不妨提醒一下："我发现，自从你的工作负担加重之后，你就比平时更爱喝酒了。下班以后，不要喝酒，出去跑跑步，你看怎么样？"

第四，把子女不自知的弱点告诉他们，比如家族中的物质滥用史或抑郁症等。大多数精神障碍都会存在一些遗传成分，子女应该知道自己是否有成瘾或出现其他精神障碍的倾向。如果长辈有酗酒史、自杀史，或是药物滥用史，那么在与子女分享这些信息时，你难免会尴尬迟疑。然而，你仍要鼓起勇气，向他们说明，因为这些信息有可能帮助孩子在自己的健康问题上做出更明智的选择。如果得知子女可能因遗传原因患上皮肤癌，你必须提醒他们多用防晒霜、尽量减少日晒。对待精神障碍，你也应该采取同样的态度。

当然，与其冷不丁地提起这类话题，不如找个合适的契机引出，比如某位名人因吸毒寻求治疗或自杀身亡时。这对家长来说或许是个尴尬的话题，尤其当你觉得这无异是在泄露家庭秘密或私人信息，但你可以嘱咐子女不要把信息随意分享给第三方。看到你敞开心扉与自己分享这些信息，你的子女可能会理解并感激你，因为你已把他们视为成熟的大人了。

常见的心理健康问题

临床医生通常会用"障碍"这个词来描述严重的心理健康问题，比如抑郁障碍或物质使用障碍。严格来讲，所谓"障碍"，是指临床诊断出的一系列特定症状，这些症状会持续一定的时间，破坏正常的社会关系，包括学校、工作或日常生活中的活动。换句话说，障碍不仅意味着出现了某些症状，也意味着这些症状并非暂时存在，而是会损害患者生活中的一个或多个领域。

我在这里所用的"障碍"一词意义较为广泛，包括临床定义的障碍和未必符合正式诊断标准的症状。在未患临床抑郁障碍的情况下，有些人也会觉得生活寡然无味；在没有达到焦虑障碍标准的情况下，有些人也会长期处于忧心忡忡的状态。有些人非常在意自己的体重，但算不上患有进食障碍；有些人虽然滥用药物，却不足以被诊断为患有物质使用障碍。

说到一些年轻人出现抑郁、焦虑、贪食或物质滥用等问题，我具体指的是心理上的困扰，这些困扰要比暂时性的心痛更为严重，比如分手后的悲伤、对新工作的焦虑、担心自己穿某些衣服显胖，或是在周六晚上偶尔和朋友出去大喝一场。重点在于这些困扰是否频繁到足以妨碍年轻人的正常生活。如果你担心子女的心理健康出现了问题，就应该从这个角度切入。

仅仅因为一个人的症状没有达到某种特定疾病的临床标准，并不意味着他们存在的问题不值得关心。虽然悲伤的感觉本身并不能作为诊断抑郁障碍的依据，但对一些经常感到悲伤的人来说，治疗是有好处的。有些人长期处于焦虑状态，无法放松下来；有些人太过纠结自己的体重，想要停止不健康的节食减肥；有些人自认为有酗酒倾向，需要别人帮助他们减少饮酒量或戒酒。换言之，在心理问题尚未演化为可诊断的精神障碍时，当事人仍然可以寻求帮助。

如果你觉得成年子女的心理问题已经持续了好几周，那么我强烈建议寻求一定的专业治疗。你不必急于自行下诊

第三章　精神健康

断，许多不同的心理问题都会出现类似的症状（如大多心理问题都会带来睡眠障碍），许多人会同时受到不止一种症状的困扰。举例来说，过度关注体重的人会经常感到抑郁，滥用药物的人会经常感到焦虑，而抑郁的人会频发极端的焦虑。如果你担心子女的心理健康问题，想向医生描述他们的精神状态，以便进行专业治疗，那就详细描述子女的症状、症状的持续时间以及对他们生活的影响。

在年轻人中，最常见的精神障碍包括抑郁障碍、焦虑障碍、进食障碍、注意缺陷/多动障碍和物质使用障碍等。所有这些问题都可以治疗，通常是药物治疗和心理治疗相结合。

抑郁障碍。虽然人们经常认为抑郁就是悲伤，但抑郁不仅是悲伤那么简单。首先，抑郁具有情绪症状，包括沮丧，对愉快活动的享受降低以及自卑感；其次，抑郁具有认知症状，比如悲观和绝望感；再次，抑郁具有动机症状，包括感情淡漠和无聊感；最后，抑郁还通常伴有身体症状，如食欲不振、睡眠障碍和精神不振。相比年轻男性，抑郁障碍在年轻女性中较为常见，但很多年轻的成年男性也患有抑郁障碍。

对一些人来说，抑郁障碍是一种慢性疾病，会在几年内反复出现，但很少会有两个月以上的间隔。有持续性抑郁障碍的人通常很难从过去喜欢的活动中感受到快乐，有时会被人形容为萎靡不振或情绪低落。有时候，抑郁障碍会严重到引发个体死亡或产生自杀念头的程度。一旦发现有人有表达自杀的念头，需格外引起重视，不要让其独自待着。问题严重时，可以报警，或把对方带到最近的急诊室。

焦虑障碍。每个人都有焦虑的时候。一个人感到紧张或害怕，是对恐怖或危险情境的正常反应。遇到飓风接近时、在深夜听到可疑的声音时，或者得知自己感染了病毒时，感到焦虑并不反常。通常来说，当威胁过去之后，这种焦虑感便会得到缓解。但是，当焦虑感严重或频繁到干扰一个人正常生活的程度时，或许就该寻求专业帮助了。

一般来说，当某人持久出现强烈且无法打消的恐惧感和焦虑感时，专家便会将此诊断为焦虑障碍。焦虑障碍通常伴随着疲劳、睡眠问题以及头痛或胃痛等身体紧张的迹象。青年期最常见的焦虑障碍是**广泛性焦虑障碍**（频繁出现难以控制的担心或急躁，且很容易从一个领域转移到另一个领域），**社交焦虑障碍**（强烈惧怕人与人的交流互动或在他人面前展现自己，有时伴有对受到负面评价或出糗的担忧），以及**惊恐障碍**（突然感到恐惧，经常伴有出汗和心悸）。

进食障碍。置身于一个外貌至上的社会中，不难想象，许多年轻人都对自己的身体感到不满，希望通过节食或锻炼来控制体重。但是，如果这些担忧发展成对食物和减肥的过度关注，从而主导或干扰了日常生活，寻求治疗或许就势在必行了。

进食障碍主要有 4 种类型。**神经性厌食**的特点是进食过少，以至于患者体重过低却意识不到危险。**神经性贪食**涉及反复出现的暴饮暴食，即在短时间内摄入大量食物，并通过自我诱导的催吐、绝食或强迫性运动进行弥补。**暴食障碍**也涉及贪食中频繁出现的暴饮暴食，但不包括强迫性催吐，而当事人往往会对暴食产生愧疚和羞耻感。**健康食品痴迷症**尚未被正式归类为进食障碍，但许多医生已经将其列入其中。这是一种对健康饮食的强烈痴迷，甚至达到干扰正常生活的程度。患有健康食品痴迷症的人对自己摄入的食品非常关注，他们可能会强迫性地检查营养标签，花很多时间为近期社交活动的餐饮担心，有些人甚至为了防止摄入"禁忌"食物而切断了人际交往。

注意缺陷/多动障碍。人人都会时而出现焦躁不安或难以集中注意力的情况，但如果这种情况出现得过于频繁，以至于干扰了日常生活或在学校或工作中表现良好的能力，便可以诊断为注意缺陷/多动障碍。注意缺陷/多动障碍通常出现在童年时期，并随着年龄的增长而减轻，但对许多在学龄时被诊断患有注意缺陷/多动障碍的人来说，这个问题会一直延续到青年期。与童年时的情况一样，成人注意缺陷/多动障碍也可以表现为注意力不集中或冲动，抑或两者兼有。注意力不集中的形式表现为健忘、粗心大意、逃避需长时间集中注意力的活动，以及容易分心。这些症状可能会导致这个成年人拖延、生活混乱无序、时间管理不善以及遗忘计划等。对成年人来说，冲动症状远不如在儿童身上常见，这种问题会表现为极度躁动或坐立不安、难以控制脾气、情绪波动，以及对挫折容忍度低下。

物质使用障碍。这种情况的严重程度会从滥用（因物质滥用而对生活的一个或多个方面产生不利影响）、依赖（需要越来越多的物质来维持同样的快感，且很难戒断或减少使用），一直加剧至完全成瘾（极度需求，以致让物质成为生活的主导）。所有物质都有可能导致滥用，包括酒精、尼古丁、大麻、可卡因、甲基苯丙胺、致幻剂、镇静剂和阿片类药物，其中许多都是成年人可以合法购得的（如酒精和烟草），并通过广告和营销加以积极推广。由于滥用这些合法物质可能会导致非法物质的滥用，因此此举极大地加剧了物质滥用的危害。

对于任何 21 岁以下的美国年轻人而言，购买以上任何物质都是违法的。但调查显示，大多数美国高中生都曾接触过酒精，且有近一半的高中生有接触过大麻和尼古丁（主要是通过电子烟）的经历。不难想象，鉴于物质滥用在青春期的增加，年轻人也会接触到大麻和尼古丁之外的许多其他物质，而其他毒品（通常被称为"硬性毒品"）对任何年龄层的人来说都属违禁品。

物质滥用之所以成为问题，是因为这些物质不仅会对大脑、心肺和其他身体系统产生直接影响，也会对使用者、使用者周围的人及整个社会产生影响。吸毒不仅导致了近一半的致命车祸，也助长了财产犯罪和暴力犯罪（包括强奸和性侵），更是造成家暴、学业受挫、旷工、失业、无家可归等各种人间疾苦的常见原因。

并非所有尝试甚至经常使用毒品的人都会成为滥用者或成瘾者。问题在于，滥用者和成瘾者是无法提前预见的。

*

你与其在子女身上寻找这些疾病的具体症状，不如寻找更具普遍性的精神困扰迹象。这些症状包括社交能力丧失、精神萎靡、对先前热衷的活动失去兴趣、睡眠问题（睡眠过多或过少）、认知障碍（记忆问题、思维迟缓或注意力难以集中）、饮食习惯异常（进食不足或暴饮暴食）、焦躁不安、未能履行课业或职责、外表邋遢、撒谎隐瞒。考虑子女在以上范围内是否出现了明显的变化，特别留心持续两周或更长时间的反常。如果想要进一步观察，与子女同住或经常见面当然是个好方法，但你也可以通过电话交谈或短暂的见面捕捉到信号，比如刻意隐瞒、频繁失忆，或是在工作和人际关系上问题频出，甚至多次违法犯罪。

寻求心理帮助

心理健康问题越早得到诊断和治疗，得到控制的机会就越大。这一点对青年期患者来说尤为如此，因为在这一时期，神经可塑性使他们更易受到压力的有害影响，同时也意味着对治疗的敏感度更高。

如果你注意到成年子女的行为出现了明显变化，且这种变化已经持续了至少两周的时间，不妨用一种关切且不带评判的方式分享你观察到的结果（"你好像比平时嗜睡了一些，你还好吗？"），并询问是不是出了什么问题。务必委婉且富有同情心地提出这个话题，并强调你的担忧："你最近好像不太对劲，你觉得跟别人聊聊会不会有什么帮助呢？""这几周你脾气有点儿暴躁。工作上还一切顺利吗？""我最近经常听到你半夜起来走动，你知道自己为什么会失眠吗？我失眠的时候，一般都是因为有烦心事。"

*

当你怀疑成年子女需要接受精神障碍方面的专业意见时，一个很大的挑战就在于说服他们寻求治疗。许多有心理问题的人都习惯对别人和自己矢口否认或轻描淡写。有些人虽然不会否认问题存在，但他们可能不愿或害怕采取行动。今天，我们的社会仍将精神障碍污名化，我们会因为脚踝扭伤或喉咙痛而毫不犹豫地寻医问药，但在焦虑或抑郁时，却因担心包括家人在内的其他人会有何反应而犹豫不决，不敢去看心理治疗师。

从整个社会的角度来看，我们已在心理疾病的治疗方面

第三章 精神健康

取得了长足的进步,但目前仍然很难让公众相信,心理健康问题并非道德沦丧,而是与心脏病、关节炎或癌症一样,都是一种疾病。生活方式的改变可以预防包括精神障碍在内的诸多疾病的发生或发展,但这并不意味着疾病是错误选择的结果。把进食障碍归咎于患者,与将关节炎归咎于患者一样荒谬。

对另一些人来说,不愿寻求帮助本身就是疾病带来的结果。抑郁障碍的症状之一便是动力的丧失,包括接受治疗的必要动力。患有社交焦虑障碍的人可能会恐惧与治疗师交谈,仅仅想到要打电话预约,就足以让他们不寒而栗。神经性厌食障碍发展到危险阶段时,患者可能已经对自己的身体产生了极度扭曲的看法,即便亲友可以清楚地看到他们日渐消瘦,但他们自己却意识不到有什么不对劲。对物质成瘾的人可能会让自己相信物质滥用不是心理问题,他们认为自己有能力随时停止滥用,或者暂时的滥用只是为了熬过一段困难时期。

有时候,人们之所以不想寻求治疗,是因为他们相信自己的病已经无药可治。你的子女需要知道,年轻人中常见的心理健康问题,都有经过科学验证的有效的治疗方法。然而,治疗可能需要时间,因为不同的治疗方法对于不同人群的效果也不同(药物治疗通常也是如此)。在确定某种治疗方案对病人有效之前,不少医生可能会尝试几种药物,要么单独使用，要么混合使用，通常还会配合心理治疗。如果你的子女坚持认为自己"没救了"，那就告诉他们，虽然见到疗效还需要时间，但我们不需要悲观。

一般而言，年轻人出现的心理健康问题，是他曾经接受过治疗的问题。面对你的担忧，如果子女认为心理问题的复发表示这种精神障碍已无药可治，那就告诉他们，在压力下，无论是抑郁障碍还是物质滥用，所有被成功治愈的精神障碍都有复发的可能。和许多身体疾病一样，精神障碍也是慢性的。这些疾病需要长期管控，通常需要药物治疗和定期的医护检查。举例来说，类似于控制 2 型糖尿病或高血压，持续性抑郁障碍也是可控的。

一些患者之所以不寻求治疗的另一个原因在于，他们虽然知道自己生了病，却没有足够的动力去做出改善。对这些人来说，这些症状已经变成了根深蒂固的积习。这一点在物质滥用的背景下可能最容易理解，因为许多物质滥用者的目的都是获得相应的愉悦感，而其他带来极大折磨的精神障碍，仍能为患者提供一种安全感或庇护感。

我的母亲患有持续性抑郁障碍，且不愿接受治疗。在她 60 岁那年的某个夜晚，我们讨论到这个问题，我劝她去看看心理医生，试试抗抑郁药物，但她断然拒绝。最终，我恼羞成怒地说："你不愿意从抑郁中走出来，而是宁愿让自己继续抑郁下去，这就是你的问题。"这句话一语道破了天机。

第三章 精神健康

对她来说,抑郁就像她的正常状态,那种熟悉感能够带给她一种慰藉。

许多患有精神障碍的人都跟我的母亲一样,他们无法想象对未来充满期待、不必提心吊胆、不被体重所扰、不以迷醉为乐的生活是什么样。他们早已忘记了快乐、平和、满足和清醒的感觉。对他们来说,对于未知的恐惧是如此强大,以至于维持病态要比恢复健康更令人向往。

*

如果住在远方的成年子女不愿承认生活中遇到的困难,想要捕捉他们出现精神障碍的蛛丝马迹便更是难上加难。即使子女和你住在一起,如果你们中的一方或双方被工作或其他责任缠身,或是子女坚持不在你们面前表现出异样,那么问题也很难浮出水面。如果子女自己悄悄去买伏特加,每晚在睡前喝得酩酊大醉,你便有可能注意不到他们的酗酒问题。如果你因为工作一大早就要离家,而且他们通常睡到中午才会起床,你或许就无法觉察到子女大多数时间都处于抑郁状态。如果子女一直在偷偷服用阿片类药物治疗背痛,或者使用阿普唑仑或地西泮这样的镇静剂压制工作汇报带来的焦虑,那么你和他们或许都没有意识到,成瘾障碍已经近在眼前。

如果你怀疑子女有严重的心理问题,那就务必迅速采取行动。除非你在心理健康问题的诊断或治疗方面受过培训,否则就不要在干预之前试图确定子女的情况是否达到精神障碍的严格标准。如果子女的生活似乎受到某种心理健康问题的负面影响，这个信号便足以说明一切。如果你没日没夜地连续咳嗽了两周，你不会等到搞清自己得的是感冒、支气管炎、过敏、心脏病还是肺癌，才去看医生。

有时，精神障碍会让子女与家长疏远。与抑郁症或物质滥用一样，自我封闭也是许多其他精神障碍的症状之一。需要得到帮助的子女之所以主动远离那些可以提供支持的人，原因或许就在于此。有一些年轻人会因给家长增加负担而感到内疚，他们之所以会疏远，是因为不想让家长耗费时间和精力来帮助自己。有一些子女担心，表现出心理问题的迹象会凸显他们对家长的依赖，那些想要努力建立自主权的人尤其会将这种担忧夸大，而很多年轻人就处于这个时期。还有一些子女或许心怀怨怼，因为他们会或正确或错误地将自己的痛苦归咎于家长。如果你的子女因为以上这些原因而抽离，那就给他们留出一点儿情感空间，但要确保表明，等他们准备好与你重新恢复沟通时，你会陪在他们身边。

如果你向子女表达担忧，而他们却矢口否认，那就试着将关注点放在他们的行为对你造成的影响上。你的目的不是让他们感到内疚，而是传达你自己的痛苦和焦虑——"我总担心你酒驾出事，彻夜难眠""你知道我是一个很有共情力的人，看到你焦虑，我也会有同样的感觉""看到你这么沮丧，我也很难过""看着你瘦成这个样子，我真的很害怕"……有时候，家长的心声可以推动子女考虑寻求帮助。他们或许还没有为人父母，但毕竟已经足够成熟，不难想象家长为子女担惊受怕的感受。

你当然可以与子女讨论他们正在经历的挣扎，或是帮助他们寻找治疗方案。然而，由于孩子已不再是未成年人，除了讨论之外，你能做的事情非常有限。一旦成为法律上的成年人，如果他们不想寻求帮助，你也无能为力，除非他们遇到让自己或他人陷于危险的紧急状况（如子女威胁要自杀或者重伤他人）。在这种紧急情况下，你应该立即拨打电话报警。遇到子女或他人的生命危在旦夕时，你不要担心自己会反应过激。

如果情况不紧急，但你认为子女的确需要接受专业治疗，那么可以采取以下方法中的一种。如果你的子女在上学，你可以鼓励他们联系学校的心理咨询中心，那里有受过训练的专业人员为学生提供治疗。近年来，由于精神障碍在年轻人群中急剧增加，许多大学的心理咨询服务已经不堪重负，但他们仍会记录候补名单，并派专员确定患者是否需要紧急治疗。如果遇到紧急情况，学校会做相应的安排。

如果你的子女不在上学，但有意寻求治疗，那就建议他们打电话给专业的治疗机构。如果你有在心理健康领域从业的朋友，可以提议子女打电话向朋友寻求推荐。然而，由于潜在的利益冲突和保密协议，向家人的朋友寻求治疗并不是一个好主意。

另外，你也可以帮助子女研究各种治疗方案。针对几乎所有的心理健康问题（尤其是成瘾、厌食和自杀等需要紧急干预的问题），都可以通过相应的热线电话联系到经验丰富的医疗从业人员，并且也很容易在互联网上找到电话号码。对于不太紧急的问题，你也可以在网上轻松找到相关心理健康组织的联系信息，这些组织可以帮助你在子女居住地附近寻找能够提供服务的机构或人员。请务必确保联系专业机构，不要回应网络上所谓的治疗师、诊所或机构发来的广告。

为子女寻求帮助，与协助子女自己寻求帮助，这两者是有区别的。如果子女没有虚弱到缺少你的帮助就无法正常生活的地步，那你就应该让子女自己主导，由你从旁提供支持和指导。如果你打电话给心理学家，说 27 岁的女儿看起来非常抑郁，那么心理医生可能会提出一些问题来确定她是否有自杀的危险，如果有危险，心理医生会嘱咐你立即打电话报警。但是，没有经过女儿的允许，你无法为她预约心理医生。如果心理医生有资格治疗你所描述的问题，便会鼓励你的子女直接来电，或者为你推荐另一位医生，让你转交联系方式。积极参与子女的治疗过程，有助于子女成功走出阴霾。

第三章 精神健康

如果你对子女的病情操碎了心,你或许也该为自己寻找一些心理帮助。但不要指望你的心理医生也为子女提供治疗,除非有进行家庭治疗的必要。而且,即使有这种必要,你也不能强迫子女参与治疗。

鉴于子女已经成年,你不太可能亲身参与到他们的治疗之中。在极少数情况下,如果子女同意,治疗师有可能想和你见面。如果子女进入了成瘾治疗中心等住院护理机构,你们的接触可能会受到限制。不要因为这些限制,就认为子女的成瘾是你引起的,或是与你的接触会对干预治疗起到破坏作用。事实证明,结构分明的环境有助于治疗,而许多康复中心都会遵循这种体系。维持这种治疗结构可能需要严格限制与家人或朋友之间的会面,特别是在入住后的前几周或前几月。

最后,我们再稍微讨论一下保密的问题。你关心子女的幸福,担心他们有需要专业治疗的心理健康问题,于是,你鼓励子女寻求帮助,帮忙找到了合适的医生。你的健康保险或许可以承担他们全部或部分治疗费用,你甚至愿意自掏腰包,支付超出保险范围的那部分费用。

然而治疗一旦开始,你的子女与护理人员讨论的任何事情都严格属于两人之间的秘密。子女可能希望和你讨论治疗的情况,但这取决于他们自己。你不应该问他们治疗时发生了什么,或者治疗的效果如何;你也不应该打电话给治疗师询问治疗的进展情况（治疗师也无权告诉你）。如果治疗师认为你的参与能够推动治疗，他就会和你的子女加以商讨，并鼓励他们跟你提出建议。是否需要你的参与，决定权在于你的子女，除此之外，谁也无权决定。

对于这些保密的要求，大学或学院里的咨询中心是一个例外。一般来说，这些咨询中心很乐意告知家长，学校提供了哪些咨询服务，但不会透露子女的具体信息。尽管如此，如果你的子女刚上大学或刚转到新的学校，而且你想要告知子女该从哪里以及如何得到各种帮助，那么此类信息是非常有用的。最好的方法是让家长鼓励正在上大学的子女主动咨询宿舍辅导员或学生健康中心的工作人员，让他们自己去探索。

有时候，学生并不清楚该如何查询学校提供的服务，这时家长可以提供一些建议，以便让子女获取咨询、辅导和医疗服务等信息。大型高校往往设有复杂的科系层级，对一个刚入学的本科生来说，要想摸清门道可能没那么容易。

对一些刚刚进入大学且仍未成年的年轻人来说，医生或许希望与家长探讨子女在适应阶段遇到的困难。经过学生的同意，这种做法是没有问题的。一位经验丰富的治疗师会与学生讨论这个问题，向他们解释为什么要从家长那里收集病例或家族史等信息。从另一方面来说，如果你发现子女需要进行咨询（比如子女的朋友给你打电话，说他们的心理状态令人担忧），那你就应该随时打电话，告知并提醒学校的心理咨询中心。如果你提出要求，咨询中心便会进行跟进。

如果大学和学院认为学生有伤害自己或他人的危险，他们则有义务通知家长。此外，许多学校会让学生选择签署一份信息发布授权书，该授权书规定了学校可以联系学生家长的具体条件。建议子女签署授权书是一个明智的选择。你可以告诉他们，虽然他们在法律上已是成年人，但你的参与和支持仍然非常有意义。让学校能够随时联系到你，对各方都有好处。

照顾好自己

在这段时期，子女的心理健康并不是你唯一需要操心的事。许多年轻人的家长都发现，处理子女心理问题带来的压力，使得家长也需要获取专业的开导。这些压力包括焦虑、无助和抑郁等。

苏珊就是这样一位母亲，她曾亲眼见证自己两个孩子的婚姻同时破裂。她的儿子杰里米在27岁时迎娶了比他年龄稍大的贝丝为妻，贝丝在前一段婚姻中有一个6岁的儿子。苏珊夫妇对这段婚姻很不满意，他们虽然喜欢贝丝，但认为杰里米还太年轻，不适合做继父。在杰里米与贝丝结婚之前，他们曾问过他是否做好了承担责任的准备。原来，杰里米的唱片制作人生涯还未真正起步，父母担心做父亲会进一步延缓他的职业发展。杰里米说他爱上了贝丝，而且很期待能与她共同抚养孩子。在他和贝丝的恋爱期间，他与这个孩子产生了深厚的情谊。

贝丝的前夫得知这桩婚姻后，便一心想要摧毁两人的生活。他力争撤销两人的共同监护协议，想要获得对儿子的单独监护权。他反复打电话骚扰贝丝，还把车停在杰里米的公寓前，一连几个小时地监视家里的情况。他也开始在社交媒体上对杰里米发起攻击，试图破坏他在音乐界的声誉。

杰里米忍受了几个月这样的生活，他的心理健康和工作被压力所磨蚀，而法律纠纷也消耗着他微薄的积蓄，终于，他决定中止这段婚姻。两人虽然难舍难分，但只能分居，并在 6 个月后离婚，孩子也经受了巨大的打击。

离婚后的那个晚上，苏珊和丈夫到杰里米家吃晚饭，苏珊表示："你没有什么可内疚的，那个变态一心想要搅黄你的生活，破坏你的婚姻，让你做不成好父亲，他得逞了。这本来就是一段难以维系的婚姻，情况不会有所好转的。贝丝本来就知道，她也这样承认过。这么多的干扰，一定会破坏你的职业生涯，这正是她的前夫想要的结果。"听到这里，杰里米离开了桌子，走进了浴室。

"这可能是最好的出路了，"苏珊对丈夫说。杰里米回来时，能看出他痛哭了一场。在结束这段婚姻的必要性上，苏珊的判断可能是正确的，但看到儿子如此心碎，她也同样于心不忍。

而苏珊几乎浑然不知的是，女儿的婚姻也面临着破裂。莉莉那年30岁，与布莱克结婚3年后，布莱克告诉她，自己爱上了别人。这对莉莉来说已是个沉重的打击，而当她发现布莱克在过去一年有染的对象竟是一个男人时，心更是沉到了谷底。

如果丈夫背着自己和另一个女人出轨，莉莉还情愿接受伴侣治疗，试图让这段婚姻维持下去。她有一个闺蜜也遇到了配偶不忠的问题，但通过咨询，两人的婚姻不仅得到了挽救，而且感情比以前更好。但是，面对一个现在甚至永远在生理上都对自己不感兴趣的伴侣，这样的婚姻是无法维系的。莉莉告诉布莱克他们必须离婚，布莱克同意了。

莉莉和布莱克有两个年幼的女儿，一个刚蹒跚学步，一个尚在襁褓中。两人都没有高薪的工作，也负担不起照顾两个孩子的费用。之前，两人会调整自己的工作时间共同照顾孩子，确保他们中总有一个人待在家里。可是现在，他们要怎么办呢？

在莉莉寻找住处期间，她和两个女儿搬到父母家住了一段时间。莉莉去上班的时候，母亲负责照看孙女，最后，莉莉带着两个女儿搬到了自己的住处，并在父母的帮助下雇了一位全职保姆。

同时应对两个孩子的离婚，给苏珊带来了巨大的压力。两个孩子都闷闷不乐，这也让她跟着情绪低落。她曾经患过抑郁症，而眼前的压力又触发了新一轮的抑郁。她决定去看看之前的治疗师，治疗师给她开了抗抑郁药物，安排了每周一次的咨询。经过两个月的治疗，苏珊觉得问题已经减缓到了单靠抗抑郁药物便足以控制的程度，通过之前的经验，苏珊能够感知药物何时起效。她坚持服药，每隔几个月都通过电话与治疗师联系一次。大约一年后，她的抑郁症基本治愈。不久之后，杰里米和莉莉各自再婚，苏珊的生活也回到了正轨，至少暂时如此。

苏珊明白，她无力避免杰里米和莉莉的婚姻问题，但这并不能平复她在面对问题时的心情。有句俗话说，父母的快乐程度，取决于他们最不快乐的孩子。

如果你因为子女的问题而正在经历一段痛苦的时期，且心理健康已经遭受了两周或更长时间的折磨，那就不妨考虑与治疗师讨论这种境遇。如果你还没有看心理治疗师的经验，你的家庭医生可能会帮你做推荐，朋友和同事也是不错的推荐人。

不要因为让别人得知你需要寻求心理咨询而感到尴尬，大多数人都会偶尔遇到生活不堪重负的时候，而拖延寻求帮助可能会使治疗变得难上加难。放任心理问题不管的时间越长，治疗起来就越是棘手。

如果你因为与子女的关系而受到心理健康问题的困扰，那么第一步就是看看你们两人能否进行开诚布公的讨论，一来讨论关系，二来讨论双方能做些什么来加以改善。尽可能地倾听子女的心声，而不是自我防卫或加以指责，并要求子女在听你说话时也做到这一点。达成谅解可能需要你们进行不止一次的谈话，想让关系重回正轨，或许会花上几周的时间。指望情况在一夜之间改善是不现实的，请耐心坚持下去。

如果情况在数次谈话之后还没有改善，那就建议你们两人去看看心理医生。有时在第一次咨询之后，家庭心理治疗师会希望与双方单独见面，听取双方观点，然后再开始一系列的共同治疗。在共同治疗时，你和子女要一起探索冲突的根源，并努力解决。根据问题的性质，治疗师可能会建议让其他家庭成员也参与进来，比如你的伴侣或子女的伴侣。

无论是医生、以前曾经看过的治疗师还是朋友或同事，在别人推荐家庭治疗师的时候，都要明确指出你想找一个受过家庭治疗培训的人，因为并非所有治疗师都有这方面的经验。在美国，想要查阅你所在地区的家庭治疗师名录，不妨登录美国婚姻与家庭治疗协会的官网。

子女与家长的关系疏离

对家长的心理健康最严重的威胁之一，就是与子女关系的疏离。如果你担心与子女之间的分歧会导致关系疏离，请放心，这种情况发生的频率并没有你想象的那么多。

浏览新闻头条或书籍网站，你可能会以为关系疏离已经成了美国的流行病。但是，如果你能像我为本书搜集资料时一样阅读文章或书籍中的细节，或是仔细研读发表在知名期刊上的科学研究，便会得出截然不同的结论。

在深入研究之前，我曾经认为关系疏离的子女是指自愿与家长断绝一切联系的人，且这种关系的破裂已经持续了相当长的时间。然而，这个词语很少用来指代这个意思。实际上，很少有研究人员能对关系疏离的定义达成一致。这个词的用法如此随意，不仅让我出乎意料，也让我明白了一些媒体把这种情况描述为流行病的缘由。

这样的描述容易产生歧义。一些研究认为，经常见面但关系矛盾或感情淡漠的家长和子女属于关系疏离，但在其他研究中，几个月而非几年没有见过面的家长和子女，就已经可以包含在关系疏离的组别中。对一些研究人员来说，如果家长和子女不进行面对面交流，即便仍有书信或电话沟通，也能被归为关系疏离之列。我在一些研究中甚至读到，一些子女表示，他们与离世已久（从而断了联系）的家长关系疏离。有些研究则完全基于子女的报告，不问家长的建议，便给家庭贴上"关系疏离"的标签（针对家长的调查研究发现，感觉关系疏离的家长要比子女的比例低出很多）。

第三章　精神健康

坦率地说，许多关于关系疏离的研究并不可靠，媒体的报道也不准确。一些被广泛引用的研究报告估计，有超过1/4的家长与成年子女出现了关系疏离，但我发现，这些研究严重夸大了这一数字。这是因为，这个数字将**所有**家庭成员的疏离情况都包含在内，包括兄弟姐妹和祖父母等。如果只计算与家长关系疏离的子女，得出的数字便远远低于以上数字的一半，即便这个数字之中，也包含了那些与家长经常联系但相处不太融洽的子女。与家长相处不太融洽的人在任何时候都不在少数，但我很少会给他们扣上"关系疏离"的标签，至少就这个词的传统用法而言。

我无意轻视那些与子女关系疏远的家长的愁苦，无论从哪个方面来说，这种感觉都很令人揪心。但是，如果我们把关系疏离的子女定义为那些在成年后自愿与家长断联很长时间（几年而并非几个月）的人，那么你和子女现在的关系并不能算作关系疏离，而且之后出现这种情况的概率也微乎其微。但是，我无法保证你们的关系不会在日后经历暂时的坎坷。

那么，在媒体将关系疏离渲染为一种流行病时，他们所指的对象又是哪些人呢？

到目前为止，占比最大的主要群体（可能多达80%），是亲生父母离异的子女，且离异通常发生在子女年纪还小的时候。这群子女会与搬走的一方（绝大多数是父亲一方）关系疏离，因为肩负抚养责任的父亲或母亲不愿让子女与另一方有任何牵连。

对于为何与家长关系疏离，成年子女给出了各种各样的理由。有些人与家长断绝关系，是因为在成长过程中受到了家长的虐待（在美国，有近 15% 的孩子在 18 岁之前受过虐待）。有些关系出现疏离，则是因为家长和子女切断联系后抛弃了家庭。在某些案例中，母亲在父亲出现暴力行为、不当性行为或犯罪行为后将其逐出家门。在另一些案例中，子女的父亲再婚，并在新家庭展开新生活，而没有留出空间关爱之前婚姻中的子女。严格来说，这些子女与父亲的确关系疏离，但谈到关系疏离已成为一种流行病时，我们所说的可能不是以上情况。

除此之外还有一小部分子女，他们之所以切断与家长的联系，通常是出于以下 5 个原因之一：家长拒绝接受他们身份中的某些因素，比如性取向或宗教观点；他们的配偶与家长有不可调和的矛盾；与家长的关系长期以来不断恶化，让子女最终认为，相比于维持这种无望改善的不正常关系，切断一切联系对心理健康的损害较小；子女不能容忍家长中的一方或双方的某种习惯，如物质滥用；子女与家长因金钱等话题发生了激烈的争执，使得他们不愿继续这段关系。

蒂法尼与父母的关系疏离，是由父母和她的新婚丈夫马丁之间的冲突造成的。马丁和蒂法尼的出身背景截然不同，蒂法尼的家庭非常富裕，而马丁却出身贫寒，两人的教育程度和收入水平有差距。但在一段长期恋爱之后，他们却认定彼此非常般配，于是决定订婚。但自从蒂法尼把这个消息告诉父母的那一刻起，她就能感到，麻烦已经开始出现了。

刚刚得知订婚的消息时，蒂法尼的父母告诉女儿，嫁给一个出身悬殊的人是有风险的，他们不赞成这段婚姻。他们希望蒂法尼能嫁给一个有专业性职业①的人，但马丁只是市里街道管理部门的工人。他们希望蒂法尼的丈夫至少是大学毕业，甚至拥有更高的学历，因为他们的女儿拥有工商管理硕士学位，但马丁只在社区大学读了一年后就退学了。他们还认为女儿的丈夫应该挣钱养家，如果她选择暂停事业生儿育女，丈夫的能力足以支持全家，但马丁的工资大概还不到作为对冲基金的投资组合经理的蒂法尼的1/10。

然而，这些对蒂法尼来说都不重要。她深爱着马丁，因为他的体贴、他的热情、他的善良，以及对她的爱。她相信马丁会成为一个出色的丈夫和父亲，随着时间的推移，她的父母也会看到这一点。

蒂法尼和马丁并没有要求父母出钱举办婚礼，而是在市政厅举行了一场私人仪式，之后和几个朋友吃了一顿普普通通的晚餐。父母发现后勃然大怒，决定不再理女儿。

---

① 专业性职业是指工作复杂程度较高，主要运用特定专业的学科知识进行自主及创造性工作的职业。通常需要有接受高等教育的背景，如医生、律师等。——编者注

几个月后，蒂法尼的父母开始打电话询问女儿的近况。他们虽然从未问起马丁，但至少蒂法尼和父母之间的坚冰被打破了。蒂法尼认为这或许表明父母改变了主意，于是决定组织几次非正式的聚会，邀请父母、姐姐与姐夫一起出席，她觉得有另一对夫妇在场，说不定能够缓解僵局。

每当蒂法尼请父母做客时，他们都对马丁冷眼相待，这种情况持续了一年之后，父母与蒂法尼的关系开始迅速恶化。两人每次与女儿提起马丁时都不忘贬低，含沙射影地让她结束这场他们看来与灾难无异的婚姻。马丁使出浑身解数成为一个讨人喜欢的女婿，但无论他如何表现，蒂法尼的父母都拒绝欢迎他进入这个家庭。相比之下，他们特别看好蒂法尼姐姐的从事整形外科的丈夫，张口闭口尊称他为"医生"，而这只会让矛盾进一步激化。

在这些尴尬的聚会之后，蒂法尼总要为父母的行为道歉，但马丁却安慰她，她什么也没做错。他说他会继续努力争取他们的好感，但她却渐渐意识到，这样做只是徒劳。另一方面，蒂法尼也试图维系与父母的对话，有时会说得泪如雨下，有时则吵得不可开交。最终，蒂法尼提出断绝关系，因为她下定决心，必须在丈夫和父母之间做出选择。她选择了马丁，并切断了与父母的沟通。想到自己的孩子可能永远没有机会见到自己的外公外婆，她心如刀绞，但只能祈祷父母不要阻挠他们夫妻二人与姐姐姐夫的交往。

由成年子女与家长中的一方（而不是双方）提出的关系疏离，对家庭造成的痛苦或许尤为严重。蒂法尼的父母都对女婿心存蔑视，因此至少能给予彼此安慰。但是，如果蒂法尼父母中的一方愿意接受马丁进入这个家庭，而另一方坚决反对，想象一下情况会有多糟。

刚开始的时候，这些情况似乎还有缓和的余地，或许与子女还有联系的家长中的一方可以牵线搭桥，让子女与另一方达成暂定的解决方案。走出了这一步，更为长期的和解便成为可能。然而，如果多次尝试都以失败告终，仍与子女保持联系的家长就会陷入一种走投无路的境地，需要在忠于伴侣还是子女之间做出选择。如果选择站在子女一边，便会威胁到自己的婚姻；而如果选择站在伴侣一边，则会破坏与子女之间的关系。

在我认识的一些家庭中，家长一方在子女和伴侣之间左右为难的窘境可能会持续多年，一直找不到令人满意的解决方案。在陷入情感三角关系的家庭中，没有人会觉得心里好受。家庭治疗有助于消除最初的隔阂，但如果子女或被疏离的家长继续固执己见，那么无论进行多少次治疗，都不会得出令人满意的解决方案。未被疏离的一方虽然试图通过谈判解决问题，但这种努力大多不可能长期持续下去，且双方的婚姻迟早会受到影响。据我所知，在大多数情况下，子女最终会与家长渐行渐远。

一些与家长疏离的子女有了自己的后代，会将孙辈作为对家长施加压力的手段。这些家长试图限制孩子与祖父母接触，把第三代作为惩罚或威逼利诱的工具，这不仅伤害了祖父母，也会对孩子造成阴影。如果你遭遇了这种情况，那就有必要把问题指出来。你与子女之间的关系或许出现了裂痕，但如果你已经与孙辈建立多年的亲密关系，那么与子女的关系疏离并不一定意味着与孙辈的亲情也要因此受阻。无论是你还是孙辈，都值得拥有也需要这层关系。

*

针对关系疏离的普遍性和原因的研究寥寥无几且缺乏定论，因此，我们很难总结出寻求和解的方法。有些家长在子女断联之后心痛难忍，多次尝试与子女联系，但收效甚微。电话无人接听，信件被原封不动地退回，电子邮件和短信也无人回复。关系疏离造成的创伤大多难以轻易修复，因为这种情况很少是能够被撤销、遗忘或原谅的单一行为的结果。想要弥合这种裂痕，是极其困难的。

但是，形势也没有这么悲观，在许多情况下，即便家长或子女并未刻意付出努力，双方的关系疏离也大多会在几年后自行化解。有时候，只是因为某个事件促使双方重聚，比如孙子孙女出生，或家人患了重病，这些事件都可以激发足够的同情心，让双方克服彼此的隔阂。有时候，关系疏离则会随着时间的流逝自然淡化。对一些成年子女来说，维持这种关系疏离的状态是很费心力的。

面对这种艰难的处境，耐心是一种很有效的美德。定期保持联系，但不要过于频繁，这可能是家长能做的最有效的事情。

彻底的疏离非常罕见，但几乎每位家长都会经历与子女关系疏离的阶段，因为每个人都在成长和变化，心理状态的变化往往会引发与他人之间关系的变化。例如，你的子女可能会因为婚姻问题去看治疗师，而治疗揭示了与家长关系的某些问题。他们不认为有必要与你讨论具体的问题，但在彻底解决之前或许不想与你相处得太频繁。或者，你可能在工作中遇到了问题，不想和子女或其他任何人交流沟通。如果任凭你与子女的关系自由发展，那么很自然，你们的关系便会在平衡和失衡的状态之间交替。

在遇到困难的时候，退一步问问自己，困难的根源是什么。与你的伴侣、朋友或子女分享你的感受，往往会有所帮助。其实，暂时分开一段时间也不失为一个有效的方法。有时候，你和子女只需拉开一点儿距离便能化解困难。如果你与子女有过交谈，但仍没能缓解紧张的关系，你不妨尝试这样说："很高兴我们能够如此坦诚地讨论问题，但我感觉我们的关系好像已经走进了死胡同。我相信我们终能渡过难关，但与其这样碰壁，不如试试减少在一起的时间。说不定这样一来，我们的关系就能重回正轨了。"

第四章
教育

第四章 教育

大学教育是否值得？

随着高等教育成本的飙升，再加上比尔·盖茨和马克·扎克伯格等没有大学文凭的亿万富翁的故事广为流传，许多家长和子女开始怀疑大学文凭是否真的值得我们投入时间和金钱，便也不足为奇了。

如果你或你的成年子女也正在为这个问题纳闷，那么我来给大家提供一个简短的答案："值得。"

首先，大多数辍学的亿万富翁都是在学生时代就开始创业，直到功成名就之后才选择辍学的。此外，这些成功的案例非常罕见。在世界上最富有的人群中，大多数都拥有本科文凭，其中一半还获得了研究生或专业学位。认为自己可以从大学辍学，摇身一变成为亿万富翁，无异于只因自己是高中篮球队的明星球员就梦想成为 NBA 首发球员，或只因在高中戏剧作品中担任过主演就幻想成为好莱坞风云人物。

对那些收入不高的人来说，在考虑大学的价值时，一个更加实际的问题在于："这个价值应该与什么相比？"如果你的子女没上大学，或是还没拿到学位就选择退学，他们要怎么打发时间呢？除非他们从事的是特定的技术工种，如电工、水管工、木工（越来越多的工种要求高中以上学历），或是如数据库管理等少数高科技职业，否则，没有高中以上学历的人通常只能从事低薪职位，通常也学不到有助于他们在理想职业中取得成功的工作技能。因此，上大学或许要比高中一毕业就开始工作更明智。我会在本章后面的内容中探讨**推迟**入学，比起高中一毕业就立即进入大学，这是一个合理的选项。但这个选择的价值高低，取决于子女利用"间隔年"的具体方式。我将在下文加以解释。

所以，综上所述：

纯粹从经济角度来看，上大学当然是值得的。经济学家对这个话题进行过多次研究，但还没有哪项严谨的分析得出过不同的结论。想要在经济上受益，学士学位是必备条件。

如果你要把子女送到四年制学院或大学，那就最好确保他们能够完成学业，因为在美国，约有40%的大学新生都没能最终毕业。没有学位证书，他们的就业前景与没有上过大学的人无甚区别。

从大学辍学的代价非常昂贵，因为这意味着你与子女在回报甚微的事情上投入了大量资金。对那些身负大量债务且不得不支付利息的学生来说，情况更是堪忧。因此，如果你

第四章 教育

不认为你与子女具备确保他们完成学士学位所需的资源，那就最好先等你的财务状况有所好转，或是鼓励子女先就读社区大学。在那里，他们可以积累两年的学分，用于在四年制大学获得学士学位。在美国的许多社区大学完成前两年学业的学费，只有在州立大学系统中完成同等学业的1/10。此外，许多社区大学都设有专门的课程，方便优秀的学生转入四年制大学攻读大三。设有这种课程的社区大学，会在学校网站上进行相应的宣传。

大学之所以"值得"，还出于许多与经济回报无关的原因。你的子女或许会遇到终身挚友；或许会因为某位教授而萌生出对于之前从未关注的领域的热情；抑或是他们会挖掘出自己前所未知的一面，从而更加喜欢自己，也让家长更加自豪。如果你有幸拥有大学文凭，那就考虑一下你从这段经历中学到了什么。我敢打赌，你的清单上有许多内容都与赚钱多少无关。

大学不只是为了找工作或继续深造做准备。一个同样重要甚至更重要的目的在于，大学能够帮助子女塑造自我认知、自立自律和成熟稳重，这些特质有助于他们在**人生**中收获成功，而不仅仅是在工作中大放异彩。事实上，大学所教授的"非学术技能"正是雇主所需要的，因为这些技能有助于与他人协作、做出决策、搜集信息、通过书面和口头方式进行有效沟通、进行批判性思考，以及对自己的工作担负起责任。

适度参与子女的大学教育

几年前,我还在担任大学心理学系研究生院的主任时,曾经接到过一位女士的电话,想要询问学校博士课程的申请问题。

"我很愿意和你探讨这个问题,"我说,"请跟我讲讲你的情况和感兴趣的领域。"

"哦,"对方回答道,"我打电话不是为自己咨询,是为了我女儿。"

这是我管理研究生课程10年来第一次接到申请人家长的电话。

"好吧,"我说,"麻烦让您的女儿给我打个电话,我好和她讨论一下她的背景信息,以及怎样才能让她的申请资料脱颖而出。申请人数大大超过我们能录取的人数,老实说,想要得到录取的难度挺大。"

"我的女儿很忙,"那位母亲说,"所以咨询的事由我替她来做。"

我解释说,还是让我直接跟她的女儿交流为好,因为这样我才能向她提供重要的细节信息,并解答她的所有问题。我不想让这位母亲在中间事无巨细地传话,这对她的女儿不

第四章　教育

公平。

"您直接跟我说就行,"那位母亲回话,"我会把信息转达给她的。"

"很抱歉,"我说,"但如果您女儿连为自己咨询都腾不出时间的话,我觉得她可能没有做好读研究生的准备。"

那位母亲挂断了电话。

我为那位女儿感到庆幸,因为她的母亲没有提到她的名字。如果这位女儿(或她的母亲)真的发出了申请材料,那么这通电话或许会影响我对材料的解读。

最近,我给全美各地学校的一些同事发了电子邮件,询问他们是否有过类似的经历,几乎所有人都给出了肯定的回答。

"这种例子太多了!"其中一个人这样回答:"有一次,我的一个学生竟然带着母亲过来,她的母亲还满心以为可以旁听整场面试呢!"

*

在大约 45 年的时间里,我在 3 所不同的大学里进行了博士生的面试、教学和指导工作。在这代人之前,上文中的这种电话是很少见的。这些年来,来我这里上课的学生本身并没有发生太大的变化。与几十年前的研究生相比,他们的能力、成熟度、积极性没有提高也没有降低。发生变化的,是他们的**家长**。

养育是一生的课题

我和全美许多教授都一致认为，家长过多参与到子女的大学教育中，对于子女的心理发展反而有害无益。

我能理解家长如此投入子女教育的原因，也不曾怀疑他们的动机。但他们没有意识到，无论是建议子女主修什么专业、选什么课程、在交论文前帮忙修改、协助备考、帮子女换室友或房间、打电话给教授抱怨成绩（是的，所有这些都发生过），家长的帮助都是弊大于利的。个中原因，我很快就会在下文中加以解释。

家长之所以越来越多地参与到子女的教育中，是多重原因造成的结果。首先，我认为现在的家长更多地参与到子女生活的方方面面。正如我在上文中指出的，相比于过去的家长，现在的家长与子女的沟通要多得多。其次，现在的家长之所以更加关心子女在大学里的表现，是因为担心子女在毕业后继续深造或者找到一份好工作谋生的能力。再次，一些家长往往在子女读高中时已经过度干预，因此对子女大学生活的介入往往是一种习惯的延续。最后，当今的"直升机父母"[①]更加普遍，其中有些人凡事都想亲力亲为，甚至被扣上"割草机父母"[②]之名。这些家长不只停留在300米的高空盘

[①] 21世纪初期出现的一种社会学术语，指过分关注和干预子女生活的家长，如直升机般盘旋在子女的上空，时刻监控孩子的一举一动。——译者注

[②] 指过分保护子女的家长，为了子女的成长，不惜像割草机一样扫清前路上的障碍。——译者注

旋，而是干脆落在地上，为孩子清理出一条道路，剔除一切阻碍。

自从子女降生，你就必须决定在他们生活中的各个方面的参与程度。你想要帮助子女快速茁壮成长，同时也想让他们变得独立、能干和自信，在这二者之间，你必须找到平衡。优秀的家长明白，过于偏向前者，会阻碍后者的发展。

孩子的教育问题，是一个让家长尤其难以平衡的领域。家长想要确保自己的子女掌握必需的技能、选择适合的课程、学业优秀、在大学入学考试中取得好成绩。

绝大多数家长都明白，随着子女从小学升入初中再到高中，他们应该逐步后退，多让子女掌控自己的教育。如果子女已经上了大学，你的主要职责就是尽可能多地给予经济上的资助。在美国，有 40% 的大学生因为经济原因而辍学。如果子女在辍学时还有一大堆学生贷款要还，这只会延长他们对你的经济依赖。

你对子女大学教育的参与，只应限于经济上的资助和每学期一到两次的访校。

关心子女正在做什么是件好事，比如他们正在读什么书、在课堂上与朋友讨论什么话题，以及对自己有什么新的认识等。但是，请不要尝试插手他们的学业。这或许与你在子女高中时期的沟通方式截然不同，但是现在，是时候让"直升机"降落、把"割草机"收回车库了。

除非你非常熟悉子女的专业和学校的特殊要求，否则就无从建议他们该选什么课以及按什么顺序上课。大学的要求因院系而异，甚至在一个院系之中，各个领域的要求也有所不同。比如，一个想专攻神经科学的心理学学生的毕业要求，可能与一个想成为治疗师的学生完全不同。

当今的学位要求变得非常复杂，且变化的频率也非常频繁，以至于大多数大学都设有专门的办公室，帮助学生厘清学业，避免在大四那年的四月份才发现自己缺了一门六月毕业时必修的课程。而你所掌握的知识，估计不足以让你提供最新且最准确的建议。至少从毕业要求这个角度来说，你三四十年前的大学经历在如今已经没有什么借鉴意义了。

另外，你也无须采取任何措施确保子女取得好成绩。他们所在的学校很可能设有涵盖广泛的学生服务网络，可以监控学生的表现，并主动提供学术援助。学校会在每学期伊始分发课程大纲，里面包含的信息通常能够让学生了解学校提供的服务，以及利用这些服务的方法。大学教授在整个学期都会自动收到提醒，要求汇报每个班级中每位学生的表现，并在有人遇到困难时提醒学校，以便相应的学生服务办公室进行跟进。

不要给子女的教授打电话表达担忧和埋怨。如果你担心子女的学习成绩，最好的办法就是鼓励他们在学校里寻求适当的帮助，因为学校里一定设有相应的服务。有的学校甚至

第四章 教育

设有专门的办公室，帮助学生找到他们可能不知道的服务。

除了这些支持之外，大学还会为学生提供医疗保健和咨询服务，这些同样也是免费的。因此，请家长放心，即使没有你的帮助，子女的身体、情感和学业问题也会得到照顾。学校希望自己的学生获得成功，这不仅仅是出于人道主义的原因。辍学会为学生和家长带来高昂的代价，也会为学校造成巨大的损失。学校的运作离不开学生支付的食宿费用，如果有学生辍学，便会造成相应的食宿空缺。

在子女申请研究生院、法学院、商学院或医学院时，请避免介入，这会让双方都闹得不愉快。更重要的是，你可能会在无意间削弱子女的自信，让他们觉得离开你的帮助就无法掌控自己的生活。

*

对子女的大学教育进行微观管理，会在培养独立品质的最佳时机干扰其心理成长。如果家长不能退后一步，让子女自己摸清如何应对学校生活，或许会对其自力更生的能力形成阻碍，很可能挫伤子女在职场和生活中获得成功的机会。

很多家长都会问子女这样的问题："**那种**专业的文凭能拿来做什么工作呢？""我们凭什么花这么多钱供你在低薪领域找工作？""那些课程又不是毕业必修课，你为什么要上？"这些都是不该提出的问题，如果你总喜欢在这些问题上唠叨，反倒会适得其反。

有的学生在大学头两年里选择了自己不喜欢且不擅长的专业，只因家长鼓励他们把大学作为通往高薪职业的垫脚石，这样的案例，我已经听过数百个。而如今，这样的案例更是层出不穷。等到这些学生最终鼓起勇气直面家长，并转而学习自己真正感兴趣的专业，便能感到自己肩上的重担减轻了许多。

大学之后，你的子女或许再也没有机会单纯出于兴趣而学习某个学科。

因此，这是一份你在子女毕业之前便能早早送出的毕业礼物。

传统大学之外的选择

对很多年轻人来说，上完高中就直接进入大学并不是正确的决定。如果你担心子女还没有做好上大学的准备，或是从大学中收效甚微，不妨思考下面几个备选方案。

对于以下 4 种类型的高中毕业生来说，相比于一出高中就上大学，不妨做些其他的考虑。

第一种是家庭经济状况不佳的人，正如我在本章前文中解释的，对无法负担完成大学教育费用的人来说，上大学是没有意义的。

第二种是那些负担得起学费，但在学业上还有所欠缺的

第四章　教育

人。在美国，大约一半的大学新生至少需要上一门辅导班才能跟上，而这些需要上辅导班的学生比其他同学更有可能辍学。另外，如果子女上的是四年制大学，他们就等于是在花高价补习早在高中就应该学到的东西，而且这些高中课程（对美国公立学校的学生来说）还是免费的。因此，这些人最好先在社区大学用低价上完辅导班，再去读四年制大学，这样一来，等他们踏入大学校门时，学费就物有所值了。

第三种是指那些不喜欢学校的人。但是，在高中时对大学不感兴趣，却在后来回心转意的例子也是存在的。对这些人来说，推迟入学要比入学后再辍学更加合理。

第四种，还有一些年轻人想要体验"间隔年"。他们可以通过很多方法以兼具趣味和教育意义的方式度过间隔年，比如在自己感兴趣的领域实习、旅行、创业，或者为热爱的事业做志愿者。

间隔年意味着作为家长的你要花上比预期更长的时间抚养子女，但如果他们对上大学不感兴趣，那么相比于支付大学学费，间隔年便是一笔更加明智的投资。如果子女对大学提不起兴趣或感到无聊，就不会学到很多东西，很难取得好的成绩，甚至可能辍学。

许多家长担心，推迟大学入学的人可能会干脆放弃上学，因此，你应该确保与子女对"间隔年"达成共识，好让子女充分利用这段时间。对那些确定会在间隔年之后回到大学且就如何利用这段时间做好周密计划的人来说,这只是一段远离学校的短暂休整。而且,间隔年是不应浪费在刷视频或玩电子游戏上的。

那些有效利用间隔年的学生,往往会在申请大学时给学校老师留下良好的印象。有些人也可以先申请大学,在录取后要求延期入学。近年来,学校已对这种现象司空见惯,也简化了延期程序。有些学校会自动批准延期录取申请,一些学校则会要求递交一份如何度过这一年时间的计划。

对那些希望彻底规避传统大学的人来说,"职业学院"是一条可行的备选道路。职业学院也被称为"技术学校",专为想要接受特定职业培训的学生设计,而不强行要求学习一般大学作为获得学位必要条件的其他科目。但是,对那些还不确定自己想做什么的年轻人来说,职业学院并不是一个好的选择,因为这些院校所提供的教育是针对特定职业设计的。如果你完成了一年的烹饪技术或刑事司法课程,却发现自己想要从事广播行业,那么之前的学业就没有多大用处了。

许多职业学院都会提供高质量的职业培训,但也有不少职业学院会误导学生,谎称上了学校的课程就必定能够获得高薪工作。远离那些收取高额学费、几乎或根本不提供经济援助、夸大学生的毕业前景、没有合法专业组织认证的营利性学校。有些学校声称经过认证,但这所谓的认证却来自虚

第四章　教育

假或根本不存在的组织机构，因此请务必在支付定金前进行调查。你所在州的教育部门或许能提供资源，帮助你确定这所学校是否正规。

避免那些录取率高得令人存疑的学校，或者不愿透露完成课程的学生比例以及学生在专业中的就业率的学校。在报名之前，看看当地的社区大学是否以低很多的费用提供同样的培训，通常情况下，你都会有所收获。许多社区大学都有开设两年制课程，旨在让毕业生为从事特定职业做好准备。一些课程会为毕业生安置通常经过工会认证的学徒岗位，方便他们进一步获得高薪的全职工作。

对那些想要通过一段有序的经历培养纪律和责任感的年轻人来说，参军是一个不错的选择。参军的起薪虽然很低，但是入伍的人可以得到免费食宿、衣服和医疗保健，还有机会参加可以转换成大学学分的课程。离开军队后，退伍军人有资格获得的福利通常能够涵盖传统大学的大部分费用（包括学杂费和生活费）、购房补助、美国退伍军人健康管理局提供的终身免费医疗保健以及退休福利。从大学毕业后，如果你的子女决定步入军事生涯，便可以申请美国军官候补学校，这所学校的培训，旨在让学生为进入高薪领导职位做好准备。所有军事部门的征兵人员都很乐意提供相关信息，说明军人退伍后可以获得的所有福利。

对于"网课"这种传统大学之外的备选选项，很多学生都不陌生。在新冠疫情防控期间，一些学生觉得网课乏味且让人感到孤立，但出于很多原因，在线授课的方式非常适合特定的人群。许多提供线下课程的传统大学，同时也提供完全在线进行的学位课程，一些大学则只设有网课。和面对面的课程一样，部分网课也在预定的时间开课，并且往往会制造机会，让学生实时讨论课程材料（被称为"同步课程"），而部分课程则上课时间不定（被称为"异步课程"），或者采取二者结合的形式（"混合式课程"）。

在线网课既有优点也有缺点。优点主要在于灵活性，学生可以在任何地方学习，也可以按照自己的生活方式安排异步课程，对那些有工作的人来说非常便利。但从反面来说，许多学生缺乏独立完成作业的自律，得益于与老师和同学面对面的接触。因此，在线网课可能更有助于获取特定的技能或知识，但相比之下，对于心智和个人较为全面的发展则效果较差。

与职业学院一样，在线学校也有正规与不正规之分，在子女入学之前，务必要仔细研究网课的资质和声誉。请找到那些获得地区或国家认可的在线学校，在这些学校修完的学分，可以很容易转到其他机构，包括那些拥有实体校园和提供传统课程的学校。再次重申，请与你所在州的教育部门进行核实，确定某个在线课程是否值得信赖。

以上都是传统大学之外可行的选择。我通常不会给出的一个建议，就是让子女高中一毕业就找工作。对没有大学学位的人来说，高薪且长期的工作机会少之又少，而且大多数都是不理想且难以维持生计的工作。如果有亲戚或朋友愿意给你的子女介绍一份好工作，尝试一下也无妨，但我并不建议子女只拿着一张高中文凭就出去求职。

离校回家暂住

无论子女是上传统大学还是选择了其他的道路，只要他们已经离开家，那么回家暂住就有可能带来冲突。

麦迪逊从学校长途驱车回到父母家，她把车在自家车道上停稳后，松了一口气。她期待着在家里度过春假，可以在泳池边享受烧烤，可以随时从满满当当的冰箱里拿东西吃，还可以一觉睡到下午两三点。另外，她也很期待能与高中同学重聚，其中不乏一些许久未见的老友。

麦迪逊在埃默里大学的好几个室友都从亚特兰大市[①]一路开车南下，住在离她家不远的代托纳比奇市[②]。她很期待让自己的大学同学和高中好友见见面，迫不及待地想把新交的男友詹姆斯介绍给大家认识。在春假的最后一个周末，詹姆斯会和麦迪逊住在一起。能与恋人一起躺在一张正常大小的

---

① 位于美国佐治亚州。——译者注
② 位于美国佛罗里达州。——译者注

双人床上，这样的奢侈，让两人心中充满了期待。

不过，麦迪逊的父母却另有打算。毕竟，两人从一月份开始就没见过女儿，他们调整了自己的工作安排，好在女儿假期期间腾出更多的空闲时间。他们理所当然地认为，女儿会把大部分时间留给父母，陪母亲打打网球，偶尔在下午和父亲跑跑步，在泳池边放松休息，晚饭后与父母和弟弟们一起看看电影。

麦迪逊一走进家门便给了母亲一个拥抱，然后，她来到楼上自己的卧室，家具摆设还和她以前住在家里时一模一样。她把行李箱扔到床上，换上泳衣，走到院子里，看到父亲正在那里清洗烤架。两人拥抱问候，他面带微笑地看着女儿跳进泳池游了几圈，然后爬上充气筏，闭目养神。

大约一个小时后，一家人围坐在户外的餐桌旁，麦迪逊坐在父母中间，拉着手进行餐前祈祷，这是他们家中的习惯。

父亲盯着麦迪逊的手腕，松开她的手问："这是什么？"

"是一只小鸟的文身。我选这个图案，是因为鸟是自由的象征，表示展翅飞翔，可以飞到任何想去的地方。"

父亲不屑地哼了一声："自由？"他往空酒杯里倒上酒，开口要提大学学费的事，但妻子打断了他的话。

"哦，趁我没忘，小麦，周四晚上别安排任何事。我们请了一些朋友过来喝酒，他们都迫不及待想要见你呢。"

"呃……"麦迪逊迟疑了一下，"那天晚上詹姆斯会来家

第四章 教育

里住。等他来的时候，我们俩已经分开一周没见面了。"

"我们也很欢迎他加入，小麦，"父亲说，"我相信大家都想见见他呢。"

实际上，为了庆祝与詹姆斯的重聚，麦迪逊已经在市里一家浪漫小馆订好了周四晚上的座位。但现在的她非常疲惫，不想和父母争论聚会的事，决定明早再提。

从那开始，事态越来越糟糕。麦迪逊的父母不愿调整聚会时间，她只得把晚餐改期。父母抱怨说连女儿的影子都看不到，因为她一觉睡到下午两三点，晚上和朋友跑出去玩，有的朋友还会跟她一起回来继续喝酒，直到凌晨两三点。因为酒精作祟，她的朋友会在家里大吵大闹，让睡不了安稳觉的父母更是气不打一处来。还有几次，麦迪逊等到下午 5 点才漫不经心地告诉父母当晚不在家里吃饭，让他们晚上不必等她。

在麦迪逊回到家后的第一个周三，母亲决定两人需要谈一谈。

"你想来就来，想走就走，"母亲说，"好像你是在家里度假的客人一样。"

"哎呀，妈妈，我只是不习惯按照固定的时间表做事，也不喜欢跟任何人报告我的行踪。这感觉很奇怪，好像我还是个孩子似的。"

"还有，这周你毕竟不住宿舍，我和你父亲希望你能多对我们表示一点儿尊重，多关心关心你的弟弟，你这一周都没怎么跟他们说过话。这也不奇怪，毕竟你的时间都用来睡懒觉、跟朋友出去玩、整天发信息和跟詹姆斯聊天了。"

麦迪逊皱起眉头，心中暗想：这应该是属于我自己的假期。

"说到詹姆斯，"母亲继续说，"我已经把客房打理好了，布置得干净又舒服。"

"哦，非常感谢，但你不用收拾客房，我们俩准备住我的卧室。"

"不行，在这个家里，你俩不能这样做。"

"你刚才说过，这也是我的家啊。既然你已经知道我俩在学校就住在一起，在家里睡一个房间又有什么区别？"

"区别就是，在学校，你可以制订自己的规矩，但家里的规矩由我和你爸来定。"

麦迪逊没有再争辩。她知道，自己可以偷偷溜进客房，或者让詹姆斯趁父母睡着后溜到她的卧室，然后在他们起床前溜出去。她虽然不想这样偷偷摸摸，但也不愿再忍受一周这种独自入眠的生活了。

大学生和家长通常对离校回家暂住的场景有着截然不同的预期，这些分歧是完全可以理解的。大学生的生活几乎是完全独立自主的，有些人在离家时会稍微有些紧张，尤其是对那些从未离开家在外居住的人来说。然而，一旦克服了刚

第四章 教育

开始对课业的焦虑、结交了新朋友、意识到自己能够打理生活、品尝了独立自主的滋味,想要重回过去充满条条框框的生活,就没那么容易了。

除此之外,无论是出于有意还是无意,子女都有一种强烈的愿望,想让家长看看自己已经变得多么成熟。不少上了大学的子女再次回家时都换了新发型,身上打孔穿钉或有了文身,言谈举止也变了风格,学会了诸如喝马提尼这些成年人的习惯,或是对爵士乐、独立电影或异国食物产生了新的兴趣。他们想让家长看到,离开家时的那个少男少女如今已经长大成人,也希望被当作成年人来对待。

而家长往往看不惯这些变化。回想起自己在大学时的蜕变,他们或许早已料到这种事有可能发生,但是,抽象的预料与亲眼见证毕竟不是一码事。对子女来说,长大成人是他们期待已久的事情,但许多家长却为此忐忑不安。

不难理解,子女回家暂住期间诸多矛盾的根源,都在于子女希望被当作成年人对待,而家长却不愿照做甚至直接拒绝。

双方分歧的焦点通常会涉及子女在高中时所遵守的规定,在成年后的子女看来,这些规定简直堪称荒唐:每晚宵禁前回家、出席所有家庭聚餐(如果不出席,需要提早通知),还要向家长汇报自己的活动、日程安排和行踪。家长可能会觉得,只要子女住在他们的屋檐下,这些规则就依然适用。

其目的并不一定是在努力维护家长的权威。或许子女已经成为大学生，但家长仍然喜欢陪伴在他们身边，也会为他们的安全和幸福牵肠挂肚。如果子女没有安全到家，许多家长根本无法安然入睡。

除此之外，还有关于性、饮酒和吸烟等问题的争论。一些子女或许认为，有了成年人的新身份，他们就有资格像在大学校园里一样公然进行这些成年人的活动。虽然美国法律禁止21岁以下的年轻人吸烟、饮酒，但这些法律很少在大学校园里被严格执行，因为对合住在一起且共同参与社交活动的学生来说，如果某些活动规定对一半学生合法、对另一半非法，贯彻起来非常困难。在体育赛前的车尾派对①或轰趴等场合，很少有人要求学生出示身份证。

家长不愿时常被人提醒自家的孩子已经长大成人，或者马上就要步入成年。承认这一点或许能让他们心生愉悦和自豪，但也会带来一丝感伤，觉得岁月不饶人，自己已被时代淘汰。家长或许完全清楚子女已经有了性生活，但却不愿在隔壁卧室听到这种响动。他们或许知道子女有饮酒的习惯，却不愿看到他们微醺的模样。他们可能怀疑子女吸烟，但不愿闻到从窗外飘来的烟味。这种做法在子女眼中或许有些虚

---

① 车尾派对是一种发源于美国的派对活动，场地为体育比赛的停车场，人们可以打开汽车后备箱，在草坪上摆放桌椅，分享自带的食物和饮料。——译者注

第四章 教育

伪之嫌，但却是人之常情。

假设你想让子女回家共度假期，而子女也愿意这么做，那么双方就必须要找出重新和谐生活在一起的方法。如果你能以开放的心态和变通的态度来应对这个挑战，并且理解这些冲突并非源于具体的问题，而是由于你和子女对长大成人抱有不同的看法，那么，回家暂住的体验就会轻松和睦许多。

在探望结束时，麦迪逊与父母拥抱告别后，便上了自己的车。她把车从车道倒出来，沿着街道驶去，每个人都松了一口气。

"这段时光可真是太'美好'了，"麦迪逊的父母转身朝房子走去，母亲用讥讽的口吻对丈夫说。

与此同时，麦迪逊正在用免提和那天早上先离开家的男朋友通话。"这感觉跟刚从监狱里逃出来似的，"她笑着说，"说实话，我觉得大家都松了一口气。"

麦迪逊回到学校后，她与父母都没有再重提这次回家暂住的经历。到了那年6月，在她放暑假回家几天后，父母提出想要谈谈。

"我觉得，说清楚我们对这个暑假的预期，对大家都有好处，"母亲发话了，"这样一来，我们就不会再像几个月前一样出现误解了。"

"好的，"麦迪逊说，"但我们也要聊聊我的预期，可以吗？我也有些事情，想跟你们说清楚。"

"很好，"父亲说，"你先发言怎么样？"

"其实，我有个建议，"麦迪逊笑着说，"在这个学期的商科课里，我们用了几周时间学习了制订群体决策和化解矛盾的方法，其中探讨的一个很有趣的话题，就是如何合作。教授把全班分成三人一组，给大家分配了各种场景，让我们讨论现实世界中遇到的问题。其中有一个场景，讲的是餐厅员工争论如何在服务员、洗碗工、引座员和调酒师之间分配小费的问题，以便让所有人都觉得拿到了应得的那一份。

接下来，麦迪逊描述了一种方法，与我在本书前文提到的协作解决问题的方法类似："我们的教授说，这种方法也可以用来解决家庭矛盾。我们能试试吗？"

父母同意给她一个机会。

"在我们开始讨论细节之前，"麦迪逊说，"我想先说两句。我一直在思考上个春假发生的事。在我看来，问题的部分原因出在我已经习惯了独立，习惯了作为一个成年人生活。但我觉得，这一点你们还很难接受。我还是你们的女儿，但毕竟已经不是十几岁小姑娘了，我觉得这可能让你们有点儿不知如何应对。"

"听上去，你在心理课上也学了不少东西嘛，"父亲笑着说，"你想让我俩躺在沙发上，帮我俩做做心理咨询吗？"

"爸，我可没开玩笑。而且这些不是在心理学课上学到的，是我和朋友聊天的时候感悟到的。要处理类似问题的家庭，又不是只有我们。"

麦迪逊做完描述之后，父亲拿起一个记事本，三个人在厨房的桌旁坐下。每个人需要提出一个具体的问题。之所以只有一个问题，是因为麦迪逊建议大家在刚开始时先限制问题的数量，等掌握了解决技巧后再加码。母亲想讨论家人聚餐的问题，父亲想讨论麦迪逊和朋友们吵闹的深夜派对，而麦迪逊想谈谈和男友同住的问题。

大家轮流就每个问题展开讨论，提出可行的解决方案，并将方案列在记事本上。讨论之后，他们针对每个问题提出了四五种解决方案。接下来，大家就每个可能的解决方案展开讨论，说出各自认为的利弊。

不到一个小时，大家便就解决方法达成一致，决定加以尝试。每周的周日和至少其他两天，麦迪逊都会与家人共进晚餐；遇到有其他计划的日子，她会在中午之前通知母亲。另外，麦迪逊还同意把深夜的泳池狂欢限制在周五和周六晚上，并在午夜之前把音量关小，或是转移到别的地方，但必须确保开车的人没有喝酒。而父母则表示，只要麦迪逊和男友不要闹太大动静，就可以一起住在她的卧室里。

那年夏天，在遇到其他冲突的时候，麦迪逊和父母用同样的方法制订了可行的解决方案。随着时间的推移，双方更好地了解了彼此对于这段回家暂住的体验的预期，共处时的争端也相应减少。

如果子女最初几次回家暂住的体验并不像你期望的那样顺利，不要认为情况会一直如此。试着用协作解决问题的方法建设性地化解分歧。刚开始的时候，你会觉得这样做很刻意，但随着协作次数的增多，这种不适感便会不断减轻。

明白如何建设性地解决冲突，非常有助于减轻矛盾。除此之外，随着家长越发深入地了解子女从青春期到成年期的过渡，子女展示自己已经长大成人的需求便会逐渐减少，而家长也会愈发接受子女已经改变和正在变化的个性。大多数的家长和子女都会发现，随着时间的推移，从学校回家暂住的体验变得越来越稳定，不再像刚开始那样混乱了。

第五章
财务问题

第五章　财务问题

提供经济支持

　　与前几代人相比，当今有更多的年轻人会在完成学业后需要家长提供经济上的帮助，这在很大程度上是由于房价的涨速远快于工资涨速所致，在对于这个年龄段的人群极富吸引力的城市中心更是如此。如今，越来越多的年轻人选择在大学毕业后继续接受教育，而这往往意味着他们需要在经济上继续依赖家长。高薪入门级职位的竞争加剧，也迫使许多20多岁的年轻人无奈接受连生活成本都无法支付的薪水。除此之外，许多刚刚毕业的学生每月还要偿还大量的学生贷款。鉴于这一切因素，如果子女向你寻求经济上的支持，你无须感到惊讶。

　　子女一旦走出大学，金钱便成了最有可能引起你们关系紧张的话题。正如我在第一章中提到的，到了30岁左右，子女想从家长身边独立出来的愿望再次高涨。这个年龄段的子女若在经济上依赖家长，可能会感觉自己尚未完全成年，而那些在经济上支持子女的家长当然更希望他们不必这样做。然而，这种情况往往是不可避免的。

在探讨任何经济支持时，我们都务必考虑到，当今年轻人步入成年的过渡期已然变得更加漫长和昂贵。这样的人生轨迹，已经成为常态。这句话我虽然已经说过，但有必要再次重复：无论对于经济还是其他领域，你都不能拿自己的经历来与子女做对比。当你像子女那么大的时候，成为一个自给自足的成年人花费的时间和金钱要比现在少得多。

并不是所有的家长都有能力在经济上给子女提供帮助，但如果你正在考虑这样做，为避免在未来衍生出任何误解，请务必注意以下 4 个要点：

- 资助金额应该控制在不会让你担心自己财务状况的可承受范围内。你提供的支持不应该危及你自己的健康、幸福或退休计划。
- 提前说明用途，告诉子女，你相信他们会把钱用在商量好的用途上。
- 明确子女希望经济支持维持多长时间。具体的时间可以随时修改，但在提供帮助时，你应该考虑子女的财务状况会随时间出现怎样的变化。子女在攻读法学院的时候或许需要你的支持，但一旦被律师事务所聘用，可能就不再需要帮助了。

第五章 财务问题

- 告知子女,当他们不再需要你的帮助(或是不再需要这么多钱)时,你希望他们会通知你。

提供财务支持,不同于在预算、支出和储蓄等方面为子女提供财务建议。在这些问题上,除非子女打算用你提供的资金做一些非常不明智的事情,你不应急于发表意见。遇到这种情况,你可以开诚布公地表示,子女可以自行选择如何使用你提供的这笔钱,但不应指望由你来弥补他们的损失。

很显然,能否提供帮助以及提供多少帮助,要取决于你自己的经济状况。但是,除了斟酌能从自己的收入或储蓄中拿出多少钱之外,你还应该考虑其他因素,比如你的这笔钱应该以赠予还是借出的形式交给对方,这种支持应该持续多长时间,以及是否要根据这笔钱的用途进行判断。如果你不止有一个子女需要帮助,那么根据每个子女需求的不同,你赠予或借出的金额也可能有所不同。请努力公平对待每个子女,但要记住,公平并不总意味着平等。担任小学老师的子女,或许要比担任企业顾问的子女更需要帮助。

如果你有一位跟你共同担负经济负担的伴侣,无论对方是不是子女的亲生父母,都要让其参与到决策的方方面面。在向子女提出任何资金支持计划前,确保你和伴侣已经一致同意。给出承诺却出尔反尔,会造成消极的影响。

如果子女没有提出要求,家长很难判断是否应该主动提供帮助，因此请耐心等待子女主动开口，或是观察子女是否在没有提出明确要求时发出求助的暗示。有些子女或许会经常抱怨生活成本太高或工作报酬太少，通过这种方法间接寻求帮助。请留意这些暗中提出的请求。

最重要的问题不在于这场谈话由谁发起，而在于谈话开始后你讲了什么。不管是你主动提出支持，还是子女主动要求或暗示，现在都不是教育子女如何对自己的经济情况负责的时候。这样的话题应该放到子女日后向你咨询建议时提出，因为在这时，你的反馈很容易被误解为对其成熟、能力或责任感的苛责。但就目前而言，你们的谈话越是就事论事，就越不会让子女感到难为情、自我怀疑或对未来心生焦虑。

如果你曾多次不等子女提出要求或是探讨钱的用途便慷慨解囊，也确定他们不会因为拿你的钱而心存不安，那就像往常一样把钱交给他们。这种感觉，与给子女送一份礼物没有任何区别。同样，如果你知道子女只有在迫切需要时才会开口，那就若无其事地把钱交给他们。

在其他情况下，你应该以小心谨慎和设身处地的心态提前做好计划。以下是一些你可以向自己提出的问题：你的子女是否一向认为向父母要钱是件尴尬的事？他们的自信心有没有受挫？他们在经济上是否遇到了困难？如果这些问题中有任何一个的答案是肯定的，假设你有能力提供帮助，那就不要等子女开口，而是私下询问："你好像最近手头有点儿紧，我们来聊聊如何能给你一点儿帮助。"通过措辞表明你认为这种情况是暂时的（"最近"），并尽量减轻问题的严重性（"一点儿"），这样的用语，会让你的话更容易被对方接受。

如果子女一直在给出各种暗示，让你感觉他们是在寻求帮助或是试探你的回应，那就不妨直接提问，看看情况是不是如此。切忌使用愤怒责备的语气（"如果你需要钱，为什么不直接来找我们要？"），不要试图证明自己的正确（"我不是早就说过，你付不起这儿的房租吗？"），也不要导致子女出现沮丧或不自信的情绪（"我觉得，靠你赚的工资，别想在这个城市过上舒服的日子"）。请务必表明你理解子女的需求，也能接受他们这种不挑明的表达方式（"喂，我知道你需要帮助。我们能做些什么吗？"）。这样的沟通等于是将选择的权利交给子女，他们要么确认自己可以渡过难关，要么承认希望得到任何形式的帮助。无论子女给出怎样的答复，通过主动提问，你都免去了对方直接开口的必要，或许帮对方解了围。

想要减少尴尬，也可以通过借款而非赠予的方式把钱给出去。这样做表明你认为这种情况只是暂时的，你相信子女仍在建立自己的事业，会在未来拥有经济保障，有义务且有能力偿还这笔债务。与赠予相比，借款不大可能威胁到子女正在建立的自主权，因为这种方法坚定了子女的信念，认定对你的经济依赖不会永远持续下去。

如果你决定将一笔金额不算小的钱借给子女（比如用来填补月底一笔意料之外的开支），明智的做法是留下一些字据，明确双方的预期。如果你考虑向子女收取利息，就请确保这笔金额不会造成太过沉重的负担，以至于子女日后找你修改借款的条件。让已经置身于经济困难中的子女支付小额贷款的利息，这样做并不合理。当前的情况，并不是一个教会子女懂得借钱需要付出代价的好时机。

如果是为房租这种持续性的开支提供经济援助，不妨讨论选择一次性支付，还是将总量拆成几笔进行分期支付，比如每月帮助子女支付房租，而不是在租约开始时把钱一次性交出去。如果你或伴侣不放心子女能否遵守预算计划，那就不妨选择分期支付。不过，无论你做出哪种选择，都有必要明确提供帮助的时长。

除此之外，还有一个棘手的决定需要拿出来单独探讨。那就是，你对这笔钱的用途是否有任何控制权。

财政大权

乔恩和米歇尔在纽约北部有一幢湖畔别墅，满心期待女儿瓦妮莎和伴侣索菲娅能来别墅共度夏季长周末，那里的天气要比其居住的波士顿凉爽。大学毕业后，这对情侣决定留

第五章 财务问题

在波士顿生活，瓦妮莎正在努力让自己刚刚成立的烘焙店步入正轨，索菲娅在一家帮助新移民寻找经济适用房的非营利组织工作。每个工作日的晚上，瓦妮莎都在为她的烘焙店做准备工作，而工作日的上下午和周末，她要在市里一家四星级酒店的厨房里打工。虽然她只是一名助理糕点师，但还是学到了很多关于烘焙的宝贵知识，可以用来为自己的烘焙店敲定最后细节。

由于酒店和非营利组织的工作收入不高，瓦妮莎问家长能否在经济上给她提供些帮助，直到她的烘焙店产生收益为止。乔恩和米歇尔认为公司起步可能需要几年时间，他们愿意在这段时间里提供帮助。两人在经济上非常宽裕，也很乐意帮助这对年轻情侣搬进一个超出她们工资能力范围的宽敞住处，好给瓦妮莎提供一间足够宽敞的厨房，在里面进行产品开发。

当乔恩打电话发出邀请时，索菲娅接起电话，乔恩说："八月的任何一个周末，只要你们俩有空，我们随时都行。"

"哦，我说不太准，"索菲娅回答道，"我得跟瓦妮莎确认一下，我们计划八月份去斯堪的纳维亚半岛旅游，这是一年之中最适合去那儿旅游的时节，因为天气很好，而且白昼很长。我问问瓦妮莎能不能把机票的时间修改一下，如果你和米歇尔没问题的话，我们也可以在七月选个周末去找你们。"

"好吧,你问问瓦妮莎,让她查完航班后给我们回个电话,"乔恩说。

乔恩打完电话,妻子正在俯瞰湖景的门廊上看书。

"约好哪个周末了吗?"她问道。

"没有,因为她们八月份要去斯堪的纳维亚旅行。"

"她们还能去欧洲各处旅行?不是已经揭不开锅了嘛。"

"看来没有那么糟,"乔恩说,"她们要么还有存款,要么就是在用咱们给的钱去度假。拿着家长的钱跑到哥本哈根和斯德哥尔摩旅游,这感觉一定不错,斯堪的纳维亚可不便宜。"

"也许瓦妮莎想在那儿找些灵感,放到她的产品里呢,"妻子说道。

"要是那样,她的曲奇成本就太高了,"乔恩一边喃喃自语,一边朝屋里走去。

*

在为成年子女补贴收入的时候,家长面临一个最难抉择的问题在于,是否应对这笔钱的用途有发言权。如果家长的补贴被用于租金或学前教育等持续的每月支出,而不是汽车维修、牙医等一次性花销或是新电视或床垫等对子女的赠予,这笔钱的用途就成了一个棘手的问题。如果你提供的是长期资助,便根本无法确定这笔钱的用途。

你可以为款项规定具体用途(如房租等),但无法强制执行。按照瓦妮莎提出的要求，家长提供的经济支持本应用于帮她支付房租。如果家长抱怨这笔钱花在了度假上，两人便可以轻松且诚恳地表示，这笔旅行经费是通过削减食品和衣服等开支省下来的，而对方则无从证实。

在提供经济支持之前，请事先考虑如果子女花钱太过大手大脚，你会作何感受，以及是否和如何表达自己的忧虑。如果你在提供帮助时并没有申明任何附加条件，那就不要对子女花钱的方式表达不满，即便你本以为这笔钱会用于基本的生活开支。但是，如果子女找你要钱是为了维持基本生活，但他们理解的"基本生活"中却包含了大量奢侈的开销，你不妨提出疑问。你可以说："我想知道你还需不需要我们的帮助，或者还需不需要和以前同样多的钱，因为你现在的生活看起来挺滋润的。"但是，请不要提及具体某项让你起疑的开支。

家长表明某笔经济支持应该被用于何处，这当然没有问题，一些家长会提前明确，某笔钱应该花在住房、托儿所或教育等特定用途上。然而，想要获悉这笔钱的实际用途，只能凭借账上的显示。另外，如果子女表示求助的原因在于房租或日托机构涨价，或是他们想要重返校园，你也只能相信对方在说实话。

如果你觉得子女花钱太过奢侈，这笔钱不如拿来解决你自己的迫切需求，比如用在房屋修缮这种你筹划已久的用途上，那么不妨表示："我想知道你是否还需要我们的帮助，你似乎还没有到入不敷出的地步，但我们现在正急需这笔钱来装修厨房。"用这种不带感情的方式进行表达，而不是因某项让你耿耿于怀的支出而逼问子女，或是要求看子女的每月预算。仅仅因为子女获得了你的经济支持，并不意味着他们不能偶尔下顿馆子，或者未经你的同意偶尔挥霍一把。

米歇尔建议，她和乔恩不妨这样看待瓦妮莎和索菲娅的欧洲之旅。

"这趟旅行或许看起来很奢侈，"她告诉他，"但两人工作都很努力，这又是她们在过去两年里的唯一一次度假，我不觉得我们应该心存芥蒂。另外，我们也不清楚旅行的费用是不是她们省吃俭用存下来的。如果机票钱真的是她们靠节省食品杂务开支买来的，你的态度会有什么不同吗？还是说，你觉得她们应该把节衣缩食省下的每一块钱都拿来还我们补贴的房租呢？"

"不，我明白你的意思，"乔恩说，"但是，如果我们真的需要用那笔钱做些什么呢？如果遇到这种情况，我们难道没有权利表达一下不悦吗？"

"是这样的，"米歇尔说，"如果我们真的需要钱，那从一开始就不应该提供帮助。幸运的是，我们没有这个需要。但是，假如我们发现屋子的屋顶需要更换，碰到这种突发情况，我觉得可以通知她们，说必须削减一些补贴金额。我不知道她们会想什么办法填补这个缺口,但我相信她们一定会理解。而且,这种消息要尽量提前告诉她们,好给她们留出制订计划的时间。"

其实在此之前,瓦妮莎和索菲娅就已经担心家长听到两人旅行的消息时会心中起疑,于是,瓦妮莎在回电讨论去湖边度假的日期时,便提起这件事来。

"在商定日期之前,我想解释一下我们旅行的钱是从哪里来的,"瓦妮莎告诉父亲。

"你不需要向我们解释,"他回答道。

"我知道没有这个需要,爸爸,"瓦妮莎说,"但是索菲娅跟我谈过了,我们觉得应该解释清楚。我们不想让你们觉得,我们把租房子的钱花在昂贵的度假上了。机票是索菲娅的妈妈送给我们俩的生日礼物,我们在生活上精打细算,削减了不必要的开销,把住宿费和餐费省了出来。你可能都想不到,一天喝两次星巴克,这些咖啡加起来可真是价格不菲呢。"

"索菲娅的妈妈真是太贴心了。"

"可不是嘛,爸爸,能有这么大方的家长,我们真的很幸运。老实说,真不知道少了你们的支持,我们该怎么办。"

协助子女买房

在家长和子女之间的金钱往来之中,最有可能让关系变得紧张的，当数帮助子女首次购房。协助子女买房，会对经济和心理造成双重影响，且后者往往比前者更加棘手。

经济上的影响包括给钱或借钱帮助子女支付首付，并帮助子女计算哪些部分由他们承担，以及哪些部分需要家长支持：包括每月的贷款、房产税、保险、水电费等。你可以主动帮子女解答关于不同贷款模式和手续费的问题，教他们报价和还价的策略。鉴于这是子女第一次买房，他们对于这些事宜的了解或许非常粗浅。这种大事需要整理大量的详细信息，相比于单独一人处理全部事宜，从旁协助的人或许能捕捉到错过的细节。如果你担心主动提出帮忙会造成子女的误解，那就不妨这样解释原因。

房地产经纪人、抵押贷款经纪人和放贷人都会就购房事宜向你的子女提出种种建议，但他们的利益或许与购房者相左。相比之下，你不仅比第一次购房的子女更有经验和判断力，还更能从情感上抽离出来看待问题，从而保护子女不被别人利用或欺骗。

*

协助支付首付并不复杂。盘点一下自己的财务状况，如果愿意的话，可以把你能负担得起的金额通过赠予或借款的形式交给子女。提前说明你能提供的最高金额，以便让子女在开始斟酌购房时就把这个数额纳入考虑范围。如果你正在考虑与子女联合申请抵押贷款，务必要谨慎行事，一旦子女无法支付，你就不得不接管或参与还款。

如果遇到卖方市场，房子的价格在竞拍后通常会高于要价，在判断支持的数额时，请务必考虑到这一点。你可以表示："我们打算给你这么多钱作为首付款，到时如果必须提高初始报价，我们还能为你多凑这么多钱，但这是我们能给出的最高上限了。"这样一来，子女便可以依据自己能拿到的最高额度与其他潜在买家竞争。

鉴于这并不是一笔小钱，许多家长都发现，相比于直接赠予，将这笔钱借给子女要更加合理。在这些事宜上，请务必与税务专家进行讨论。在美国，家长赠予子女的金额是有法律限制的，否则便有可能影响日后进行资产转移时的税金。只要不超过这个限额，你也可以把钱赠予子女的配偶，而不必担心对纳税造成影响。如果你有配偶，那么你和配偶都可以向子女两人赠予金钱，这样一来，买房的子女两人得到的钱便是你或配偶单方赠予的4倍。

然而，家长可以借给子女的金额却没有限制。如果你打算借给子女一大笔钱用作首付款，请在制订任何具体计划之前找专家进行咨询。法律对于家庭信贷的规模、期限和利率都有规定。对于超过一定数额的家庭信贷，美国国税局**要求**家长向子女收取利息，但允许家长将利率设定在明显低于当时银行类似贷款利率的水平。美国国税局对不同期限的贷款规定了不同的利率，这些信息都可以在官网找到。一旦确定了具体细节，就请记录下来，并确保你和子女保管好这些记录，因为这些或许是征税时的必要信息。

如果你有能力借给子女一大笔钱，那么来自家长的这笔贷款可能足以支付首付，还能用来取代或补充抵押贷款。这能为子女省下一大笔钱，因为家庭信贷的利率可能要比商业银行或抵押贷款公司的利率低得多，甚至能低出一半。此外，子女每个月付给你的利息也能给你带来一笔收入，很可能比把钱存在储蓄账户里划算得多。换句话说，通过建立家庭信贷，相比于向银行或其他贷方申请抵押贷款，你的子女只需支付一半的利息；而相比于把钱存在储蓄账户中，你则可能获得两倍的利息。如果你的子女想用付给你的利息抵税，不妨和专家探讨如何将这笔贷款记录为抵押贷款。

肯恩和阿曼达就是这样向女儿安妮和丈夫道格拉斯提供帮助的。安妮和道格拉斯在堪萨斯城工作，两人有一个学龄前的孩子，另一个即将出生。疫情防控期间，两人不得不在家办公，安妮在餐桌上用笔记本电脑办公，道格拉斯则在卧室里工作。两人意识到，如果继续维持这样的远程工作模式，这个两居室的公寓很快就会显得太过局促。他们开始在郊区寻找足够容纳一家人居住的房子，不仅要有一个房间作为家庭办公室，还要带一个院子。这对夫妇已经存下了10万美元作为首付款，并计划通过抵押贷款支付余额。他们找到了一幢价值40万美元的心仪的房子，当时，无本金抵押贷款的利率在 5% 左右。

安妮的家长打算掏出 5 万美元帮助这对夫妇买房。但一经了解家庭信贷，他们便开始考虑用家庭信贷来补充抵押贷款。当时，他们大部分的存款都在银行账户中，利息只有 1%，而且他们也并没有立即动用这笔钱的计划。（当然，储蓄账户的利率可能会随着时间的推移而增长，我在此只是用 1% 这个数字来说明这种机制。请记住，你如果需要出售投资来凑齐贷款资金，那么可能要为投资已产生的所有收入纳税。）

当时美国国税局对长期家庭信贷征收的利率是 3%，因此，安妮的家长提出以 3% 的利率借给小两口儿 25 万美元，这要比银行抵押贷款的利率低得多。大家达成协议，安妮和道格拉斯会在卖掉自己房子时还清这 25 万美元。在此之前，两口每月会向安妮的家长支付 625 美元，而不是每月 1042 美元的抵押贷款利息，这样一来，这两口每年可以节省大约 5000 美元。而与此同时，安妮的家长每年从银行获得的利息也不再只有 2500 美元（即 25 万美元的 1%），而是从安妮和道格拉斯那里得到的 7500 美元。大家对条款进行了书面记录，并签名确认。

*

除此之外，买房时出现的其他问题还包括确定子女能够负担得起的房款、选择不同的抵押贷款选项、支付买卖手续费、购房明细的协商策略等,你的主要任务是提出问题,确保子女没有忽略任何重要细节。从未买过房子的人,很容易忽略保险费或业主协会会费[①]等细节。

购房手续费用也是容易忽视的一环。放款方虽然会在后期提供具体细节,但你的子女在开始买房之前可能考虑不到,如果房屋价格不菲,这些费用也可能会高得惊人。有的时候,购房定金就足以让一些预算紧张的小两口儿望而却步。

我并非在建议你亲自把所有这些细节都计算好,只是希望你能为子女提个醒。这样做可以节省子女的时间,避免他们浪费时间去看负担不起的房子。一旦子女做好了出价的准备,在开始交涉价格之前,问问他们需不需要什么建议。如果他们不需要你给出建议,那就不要强求。

判断你想要参与多少**经济范畴之外**的决策,比如对社区的评估、确定房屋的具体优缺点、考虑如何将房屋打造得更加宜居或为日后修缮留出空间、如何决定最终报价等,这些问题都要比提供资金棘手得多。你的子女或许需要你的经济支持,但却不愿听你对该买什么房子发表意见。

在经济上给予支持,并不表明需要参与选房,你需要把二者分开来看。提供购房资金并不意味着你有权决定这笔钱的用途,也不意味着你在最终决定上拥有任何否决权。这与

---

① 相当于中国的物业管理费。——译者注

你出钱多少并无关系。

帮忙支付首付却得不到最终决定权,如果你不愿接受这种条件,那就需要重新思考是否要提供帮助,或者在提供帮助时表明,这笔费用的附加条件就是让你在最终决定时有一定的发言权。无论你做出何种决定,一旦子女选好房,你都不应因为不认同而撤回支持。除非你是这套房产的共同所有人,否则你的角色就是子女的赞助人,而不是他们的商业伙伴。

在选择子女预算之内的房源时,你应该询问子女是否需要你的帮助。一些年轻人忙于工作或育儿,因此非常欢迎有人帮忙,但另一些人则非常热衷于发掘实惠房源,或是乐于浏览房源信息,因此更愿意自己寻找。如果你在新房源公布之前提前捕捉到了消息,或者得知哪里有房子正准备出售,不妨与子女分享。

现如今,很多房地产信息都可以在网上搜到,子女动动手指就可以把感兴趣的房源信息链接发送给你。如果子女发了链接给你,除非他们主动提问,请不要主动提出意见。子女可能只是兴致勃勃地向你展示正在考虑的附近出售的户型,或是向你展示他们梦想中的房子,即使价格远超他们的承受范围。同样,如果你想在子女看房时陪同,那就等他们发出邀请,在收到邀请时尽量接受。有的子女会想在带家长一起看房之前先和另一半打好前站,哪怕只是在邀请家长之前做做筛选。

这并不意味着你不能在找房子的过程中发表自己的意见，也不意味着你只能在帮忙支付首付之后才能说出自己的想法。我知道我一直在强调一个基本的经验法则，即等到必要时再发表意见，以便防止矛盾冲突，但在买房问题上，你可以对这个原则进行适当放松。鉴于子女的收入，这可能是他们此生所做的一笔最大的投资。

如果子女嘱咐你不要发表意见，你应该表示尊重。但务必指出，他们正在做的决定会带来重大影响，且其中一些影响必须通过卖房才能改变，比如孩子以后在哪里上学，或者是否会因为成为房奴而不堪重负。如果你已有购买或出售一套或多套房产的经验，你的意见或许会有特殊的价值。

假设子女没有明确要求你不要插手，那么问题的关键便从是否表达意见变成了如何表达意见。最好的方法是提出中肯的问题，通过问题让子女静下来思考，同时也给他们发表不同意见的空间。"房子的布局看起来很棒，但你会不会担心主卧不够大，放不下你的双人床呢？是不是应该带把卷尺回去量量？""宣传册上明明说配备全新的厨房电器，但是从中介给你的示意图来看，厨房柜台几乎完全没有预留空间。对像你这样经常做饭的人来说，在这里生活应该很不方便吧。你难道想花精力重改房型吗？""附近有很多餐馆和酒吧，你是不是应该等周末晚上再回去看看吵不吵？"

第五章 财务问题

由于选择首套住房的人往往会受到强烈情绪的影响，因此没有经验的买家很容易把注意力集中在某个第一眼就特别吸引人的特征上，比如带纱窗的门廊、彩色玻璃窗、装饰时尚的入口通道或是专业的炉具等，却没有特别关注那些不太突出但必不可缺的基本因素。带纱窗的门廊或许会让人一见倾心，但如果子女购买的住房管道失修、电线老旧、地基不稳或是屋顶漏水，他们就要花费更多的时间（和大量的金钱）去修理这些必需品，而无法在门廊上享受冰茶和夏日微风。如果你发现了潜在问题，但子女听不进去，那就提议雇请一位独立专家提供公正的意见。同样，缺少经验的购房者或许会因为在你看来很容易弥补的缺陷而放弃购买。若发现中意的住房的缺陷弥补起来既不费劲也不昂贵，许多新购房者都会感到如释重负。

因此，在协助子女购买第一套住房时，你或许能够发挥更加积极的作用。你不但能保护子女不上当受骗，也能防止他们因冲动或短视而决定或放弃购买。

讨论你的个人财务状况

并非所有家长都需要或想要帮助子女买房，但所有家长都应该与子女讨论自己未来的经济状况。如果你还没有讨论过这些事宜，很多人推荐遵循"40-70 原则"：即在子女 40

岁和你 70 岁之前进行这段谈话。当然，在子女 20 多岁的时候，你也完全可以展开一些相关的谈话，但不妨等到准确推测出自己日后的财务需求之后再深入探讨这个话题。

与子女探讨财务状况的对话可能会涉及很多内容，因此最好拆分多次进行，确保每次对话都要足够简短，好让双方都能集中精力，并留出提问的时间。第一次对话的内容应该非常笼统，目的是向子女提供 3 个信息：你退休后是否有足够的资金过上舒适的生活；你是否需要子女提供某种帮助；子女能否从你那里继承财产。这种谈话最好当面进行，但如果做不到，也可以通过电话或视频会议进行。但是，不要通过发短信或电子邮件来处理这个问题，因为这些媒介要比面对面的交谈更受限，传递的信息也会打折扣。

如果子女希望伴侣在场，只要你能接受，那当然没有关系。如果你有多个子女，可以视条件选择单独或一起见面。我将会在下文详述，在第一次谈话中，你应该避免敏感的话题，比如讨论实际金额和每个子女能继承多少遗产，以避免激起强烈的情绪或直接的冲突。

你的伴侣是否出席最初的讨论，应由你们自己决定。无论伴侣是否在场，你们都应事先详细讨论两人的共同计划，商量好与子女交流的信息。如果你和伴侣在某些细节上意见不一，请在与子女沟通之前先化解分歧。如果你决定由自己来进行这次沟通，那就请一开始就向子女表达清楚，你和伴侣已经就准备分享的所有细节达成了一致。

一般来说，我会建议等到子女提出问题或寻求帮助时再发表意见，但对于这个问题，第一步必须由你迈出。子女需要了解你的退休计划、长期财务状况和相关事宜，但他们很可能不愿直接开口询问。这种问题本质上非常微妙，许多子女都不愿点破，因为这会点破家长已经越发年迈的事实，会让许多子女感到不适，甚至如坐针毡。子女或许会好奇或担心你与伴侣退休后该如何生活，也可能想知道你的保险是否足以承担医疗和长期护理费用，因为这两类费用如果不靠保险支撑，便有可能影响到包括他们自己在内的整个家庭。

退休对不到40岁的人来说似乎还很遥远，但如果你已经花了很多时间思考和筹备退休后的生活，那便应该有许多知识可以与子女分享，另外，在子女接近退休年龄时，你或许已经不在他们身边。跟子女分享你对相关事宜的思考，不失为一种明智的做法。如果子女还没有开始考虑自己未来的财务规划，那就劝他们提前做准备。众所周知，想在退休后过上舒适的生活，必须在刚开始工作不久就着手存钱。

如果你或伴侣生了病，抑或因为其他原因无法管理财务，你也应该让子女做好准备，面对不得不做出的决定。你的子女很有可能需要在某个阶段介入其中，因此，了解你希望他们在必要时采取什么行动非常重要。如果你已经制订好计划，那就让子女知道计划的内容以及如何付诸实践。如果你已经患有严重的疾病，有可能在未来某时失去行动能力，那就不要推延到 70 岁再进行这次对话。在被迫处理突发事件之前，子女需要了解一些关于家长财务状况的基本信息。这些信息至少要包括所有会计、律师或财务顾问的联系方式，以及你的遗嘱、生前预嘱和委托书的副本。

另外，你的子女也应该掌握你的账户信息。为子女做一份书面记录，但要把账号、登录名和密码保存在单独的文件或电子文件中。告诉子女你把各种财务和税务记录的实体复印件存在哪里，以及如何在你的电脑上访问重要信息，并养成定期更新的习惯，方便子女了解最新信息。如出现病重而无法自行支付账单等突发情况，需要子女参与打理你的财务事宜，你会希望他们操作起来轻松一些。准备一份说明文件，告知每月应该给谁付款，以及从哪个账户通过什么方式支付（如支票、信用卡、电子转账等），并告知子女这份文件保存在哪里。如果你的伴侣此前没有处理过这些事宜，这样做便尤为重要，这样一来，子女便能在必要时为你的伴侣提供协助。

*

第一次与子女谈及你未来的经济状况时，对方可能想知道他们能否从你这里继承财产，以及继承什么财产。如果这是他们第一次提出这个问题，你应该诚实回答，但要回答得笼统一些（"我想是的""可能不会"或"我还不确定"）。告诉子女，在想好计划之前，你想和他们单独聊聊具体细节。你或许不愿把这件事放在桌面上谈，但仍需确保子女了解他们在你去世后能够继承什么，包括贵重物品、房产和金钱，以便根据这些信息制订短期和长期的计划。如果你有一个以上的子女，那就有必要让大家明确各自继承的遗产。

富甲一方的家庭因遗产爆发冲突的影视剧，我们每个人都不陌生，但无论贫富，详细讨论遗产问题都可能引发敏感和情绪化的问题，尤其是在有多个继承人的情况下。即使没有大量资产可以继承的家庭，也往往会有一些珍贵的物品，比如珠宝或传家宝这种具有经济或情感价值的东西。你可能需要决定如何处理你的住房，是传给一个或多个继承人，还是卖掉后平分利润。即使没有坐拥豪宅，你照样有可能担心子女对自己产生感情的老宅被出售有什么感受。

如果你还没有仔细考虑过这个问题，现在不失为一个初步做一些决定的好时机，你可以做些计划，看看打算传给子女和其他潜在受益人的资产该如何分配。你可能已经起草了遗嘱，但鉴于上次修订遗嘱后家庭生活或遗产发生的变化，多年前写的遗嘱可能需要更新。如果你的遗产数额巨大或结构复杂，不妨找一位或多位专家寻求意见。

一旦下定决心，最好分两阶段与家人讨论遗产问题：在第一阶段描述初步计划，并解释背后的理由；在考虑好第一次谈话中出现的问题之后，你需要提出一个最终计划。你可能会通过第一次谈话发现，子女并不像你想象的那样在乎某些贵重物品，或者已经与兄弟姐妹就遗产进行了讨论，就各项遗产的分配达成了协议。如果子女已经同意出售房产并平均分配收益，再纠结由哪位子女继承房产也就没有意义了。

不妨利用第一次谈话的机会，解释为什么要把某些东西留给某位子女，或是把关键角色交给子女，让他们负责遗嘱的执行。如何在不同家庭成员之间分配资产；是否打算把钱留给慈善机构或家人以外的人；如果你在伴侣之前离世，而伴侣并非子女的亲生父母，遗产问题该如何处理，这些都是可能引发争议的话题。许多理财规划师都建议，在进行谈话时，最好有理财顾问或律师在场，一来回答技术性问题，二来营造一个专业的氛围，尽量减少令人担忧的冲突。他们也可以作为调解人，协助解决家庭成员之间出现的纠纷。

如果子女觉得自己受到了不公平的对待，便很难不出现失望、憎恨或愤怒的感觉。发现自己所得的遗产比预期少得多，兄弟姐妹之间的遗产没有得到公平分配，或是大部分遗产都交给了继父或继母，也许会激发起强烈的情绪反应。出于这个原因，在对待这些话题时，请务必多加小心。你甚至可以在这段对话的开头这样表示："我们的一些计划可能有些出乎意料，但还是应该一起好好聊聊，让你们理解我们的想法。如果有任何问题，尽管提出来。"一旦听了你的理由，原本失望的子女可能就不会那么愤愤不平了。最后的决定权

第五章 财务问题

虽然应在你和伴侣手中,但允许目标受益人提出问题并听取你的理由,有助于最大限度地减少冲突和误解。

除了解释希望如何分配遗产,你还应该探讨每个子女可能扮演的角色,比如谁将拥有你的健康和财务代理权,谁将担任你的遗产执行人。即使你指定这些责任由伴侣来承担,也必须决定由哪个子女担任第一顺位执行人或者分担其中的一些责任。根据子女的技能和能力来做这些决定。你的某个子女或许拥有医学或金融方面的专长,而另一个子女可能做事更有条理和注重细节。

如果你有多个子女,平均分配财产似乎是公平之举,也是避免兄弟姐妹之间发生冲突的好方法,因此,大多数的家长都会遵循这个策略。但有的时候,给予最需要帮助的子女以最大的帮助也很重要。例如,如果一个子女身患需花费巨大医疗费用的疾病,你就应该把这个因素考虑进去。把珍贵的传家宝留给一直为之倾心的子女,要比硬塞给抛硬币获胜的人更有意义。在决定如何分配遗产时,请切记,公平并不总意味着平均分配资产。根据每个人的需求,你完全可以给子女不同的待遇。只要确保你的决定合情合理,并向子女说明决定背后的原因。或许你会惊喜地发现,原来,你的子女如此善解人意。

*

在财务领域,子女需要迎合你的需求、偏好和目标。但在婚恋的舞台上，角色则应该进行对调，即家长需要考虑**子女的**需求、偏好和目标。在下一章节中，我们会按照年轻人婚恋生活的典型进程一起探索，从性生活到选择长期恋人、婚礼（或类似的婚庆仪式）、婚后家长与子女关系的变化、如何与子女的伴侣相处、如何处理子女新婚后的婚姻冲突、甚至如何面对子女的分居或离异。

第六章
恋爱与婚姻

第六章　恋爱与婚姻

子女的性取向

在生活中，没有什么比性生活、性取向和性别认同更私密的话题了。就像你是否选择透露个人信息的决定完全取决于你自己一样，子女是否选择向你透露自己性取向的决定也完全取决于子女自己。在谈论性这个话题上，不同家庭的心态各有不同。对于这个话题的思考或感受，并没有唯一正确的答案。

一般而言，家长不应该插手子女的性生活，除非他们主动向你询问或透露信息，或是你确定他们的行为具有潜在的危险，比如与陌生人发生不安全的性行为等。如果子女与你同住，你当然不应该到处窥探或打听他们想要保密的隐私。

根据家长与子女之间的亲密程度，你们或许能够轻松探讨敏感话题，比如子女对性生活质量的担忧，与目前的恋人遇到的性爱问题，或是不知如何处理意外怀孕。你应该耐心地倾听，如果子女不主动提问，就不要不请自答，同时务必对谈话信息保密。如果你想就一些话题征求伴侣的看法，那请先征得子女的同意。

如果你发现子女沦为任何形式的性侵害、性骚扰或不当性行为的受害者，那就询问子女是否想要和你谈谈。如果子女同意，那就带着同情心倾听，阐明事情的责任不在他们，并鼓励他们通知有能力介入的人员。正如我们在过去10年间所了解到的，性侵害要比我们以前想象的普遍很多，而职场和大学也已经开始实施相关的预防和处理政策。如果这件事对子女的心理状况造成影响，那就建议他们和咨询师沟通。如果你在年轻时也曾经历过类似事件，你也可以考虑向子女讲述这段经历和你的感受。这会让子女知道，他们并不孤单。

无论子女是否遭遇过性侵，了解子女的性史会让许多家长感到不适。同样，一些家长也会不好意思了解子女是否进入了性活跃阶段，但随着越来越多的成年子女搬回家住，他们的性生活也成了许多家长不得不面对的现实。（为了便于这个问题的讨论，我们暂且假设讨论中的年轻人尚未结婚。无论你是否从道德上反对婚前性行为，这并不重要，因为无论子女选择在家还是在外发生性行为，你对婚外性行为的看法都是不变的。同理，如果已婚的子女与配偶搬来和你同住，两人之间的性生活便不应构成问题。）

如果你的子女一直住在离家很远的地方，且性生活活

第六章　恋爱与婚姻

跃，那么回到家后希望将性生活持续下去也是可以理解的。然而，如果你的理念和许多家长一样，那么只要子女的性生活不在家里发生，你就能够接受。或许，你就是这样想的。个中原因你也说不清楚，你明知这样想没有道理，但还是希望与子女的性生活之间拉开距离。

对于这种感觉，有一种非常合理的解释：我们不喜欢把子女和性爱扯在一起，因此，我们可以容忍子女在我们不知情的地方发生性行为，却无法接受这种行为发生在自家房间。不知这样说算不算安慰，但一些子女也希望自己的性生活离家长越远越好。

这是一个棘手的问题，需要通过耐心和相互尊重来解决。在性生活方面，二三十岁的年轻人要比其他所有年龄段更加活跃，因此，子女对于性生活的渴望是非常自然的，这个认知或许能帮助你更好地理解他们。仅仅因为难以接受子女的性生活发生在眼皮底下，就指望搬回家住的成年子女禁欲，这种要求未免太过不近人情。

如果问题并非来自子女有性生活，而在于你希望眼不见心不烦，那么你们双方都可以采取一些为彼此提供便利的措施。解决问题的方法不是强迫子女禁欲，而是希望子女尽可能地保持性生活的私密，但是，私密并不等于保密。双方尊重彼此的隐私，我们完全没有理由禁止同住一个屋檐下的二三十岁的成年人拥有自己的性生活。

你虽然不应强迫子女偷偷摸摸,却可以要求他们小心谨慎。如果你觉得子女的性生活太过张扬或冒犯到他人,那就直言不讳地表达出来。你不妨这样说:"你的性生活虽然是你自己的事,但毕竟家里面积有限,墙壁比你想象的要薄。请你们轻声一点儿,或者,也可以在对方家里过夜。"

*

许多子女会选择在青少年时期向家长透露自己的性取向或性别认同。许多人都会混淆这两者的概念。所谓**性取向**是指在情感、婚恋或性吸引力范畴与他人相处的长期模式(如同性恋、异性恋、双性恋等),而**性别认同**则是指对自身性别的内在感知(如男性、女性、双重性别或非二元性别),可能与出生时的性别相同,也可能不同。跨性别者是指那些性别认同与天生性别不同的人,出生时的性别认同通常以生殖系统作为判别标准。顺性别者则是指那些性别认同与天生生理性别一致的人。

一个人的性取向与其性别认同无关,一个自认为男性的人可以是异性恋、男同性恋、女同性恋、双性恋或无性恋,自认为是女性、双性或非二元性别的人也同样。此外,一个人的性取向和性别认同并不一定与其展现性别的方式相应,无论其行为方式属于典型的男性化、女性化,还是两者兼而有之。我们无法通过一个人的外表或行为来判断其性取向或性别认同,大众媒体对女性化的男同性恋或男性化的女同性

第六章　恋爱与婚姻

恋的描述，只不过是浮于表面的刻板印象而已。

性取向和性别认同都不是一种选择，就像人们的身高无法改变一样，人们的性取向或性别认同也不能改变。试图改变某人的性取向或性别认同不仅不道德、残忍和无效，而且还会产生有害的心理影响，包括抑郁、焦虑和自杀倾向。同样，试图挖掘某人的性取向或性别认同的根源或原因也毫无意义，因为就如大多数特征一样，我们的性取向也是遗传、激素和环境等复杂因素混合在一起的产物，而其中一些因素在出生之前就已存在。我们不必询问某人为什么是异性恋，因此也不必询问某人为什么是同性恋。非异性恋的性取向，或者性别认同与天生赋予的性别不符，这些都不是疾病、残疾或问题。只有当性取向或性别认同不被别人接受时，问题才会出现。

尽管社会对性取向多样性的容忍度有所提高，许多性取向或性别认同非常规（也就是说不符合普遍的异性恋认同，或是与出生时的性别有所不同）的人，仍会在家庭、学校、职场和社区中遭遇他人的偏见和歧视，并往往陷入心理健康问题的泥沼。而家长拒绝或不愿接受子女的性取向，尤其容易带来灾难性的打击，有时甚至会导致子女和家长之间产生不可挽回的隔阂。

总之，有些人虽然在性取向或性别认同上与常规有所不符，这并不意味着他们无法结婚或为人父母。当今，在多种方式的帮助下，同性情侣也能够选择结婚、领养或孕育子女。即便子女是同性恋，家长也没有必要担心自己无法享受成为祖父母的乐趣，拥有跨性别子女的家长同样如此。

得知子女的性取向或性别认同不符合社会标准，家长的感受各不相同。有些家长对这种情况已经有所意识，若子女能够坦然相告，他们会感觉松了一口气；有些家长虽然感到措手不及，但也为子女能够公开这些信息而感到欣慰；有些家长则怏怏不乐，暗自劝说自己这个阶段只是暂时的；还有一些家长则会陷入绝望，一心希望子女的话不是真的，并会直言不讳地表达出来。

等到成年后才向家长透露自己性取向的子女，很可能在此之前已经拖延了很多年，因为大多数人在青春期便已对自己的性取向有所感知。在不确定家长会有何感想时，透露关于自己的重要信息需要巨大的勇气，若是担心家长会给出消极的反应，则更是如此。无论你对子女吐露心声有何看法，都请以一种不加指责的方式予以回应。告诉子女你很感激他们能与你透露心事，你明白，做出这个决定并不容易。

在子女透露性取向或性别认同相关信息时，如果你感到困惑、沮丧、失望或愤怒，请努力控制住自己的情绪。子女需要时间来适应全新的自我认知，你也同样需要时间来适应。

无论你的感受如何，都要提醒自己，子女仍是一直以来的自己，并没有突然变成陌生人。唯一有所变化的是，现在的你获知了一些以前不知道或不确定的事情，对子女的了解比以前更深了一层。这是一件值得高兴的事情。

不要试图回忆你错过的信号，也不要因为没有感知到这些信号而责备自己。记住，一个人的性取向或性别认同并不一定能通过外表或行为反映出来，你并没有漏掉任何显而易见的迹象，也无法通过行为或兴趣推断他们的性取向或性别认同。不要对子女说类似"我早就看出来了"的话，这只会让他们因为没有早点告诉你而感到尴尬。

子女向你敞开心扉之后，记得拥抱他们，告诉他们你爱他们真实的自我，也会永远给予他们支持和关心。如果子女提到自己正在恋爱，那就表示你想和子女的恋人见见面，在子女和恋人做好与你认识的准备后，热情迎接对方进入你的生活。大家或许需要一段时间才能做好迈出下一步的准备，如果你、子女或子女的恋人还有所顾忌，也不要着急行事。

在得知子女的性取向后，家长通常会想要提出一些问题，比如子女意识到自己的性取向有多久了，是否会对别人公开透露自己的性取向和性别认同等。你可以放心提问，但要以一种尊重且真诚的方式。实际上，如果家长不提问，反倒会让年轻人感觉奇怪，也或许会让他们将家长的沉默误解为不赞成。

如果一段时间过后，你仍然很难理解和接受子女的性取向或性别认同，不妨通过一些组织来缓解家庭的矛盾。例如，"男女同性恋者的父母、家庭和朋友组织"（PFLAG）能够提供有效的支持和信息，在全美均有分会。如果你需要指导或支持，或者想与其他曾经或正在面临类似调整的家庭交谈，不妨联系他们。

在子女刚刚步入青年时，许多家长都会对其性取向得到出乎意料的发现。无论是否认同，家长不妨利用这个时期，深入了解子女在婚恋生活中的偏好。

子女对伴侣的选择

一般来说，子女在高中时已经至少有过一段认真的恋情，所以在子女步入青年阶段时，你应该已经与他们的恋人打过照面儿。但在子女十几岁的时候，你可能认为任何恋情都不会持续太久。

同样，与大学恋人结婚的概率也不高。当今社会的已婚人士中，在大学里就遇到配偶的占比只有1/4。在25岁之前，大多数人都经历过几段恋爱关系。这并不意味着10多岁和20岁出头的人不知检点，只是因为很少有人会期望年少时的恋情能够变成婚姻，因此他们会和恋人保持恋爱关系，直到其中一方或双方都失去兴趣，然后选择分手，走入下一段恋情。

第六章　恋爱与婚姻

在快 30 岁或 30 岁出头时遇到未来伴侣的情况要普遍得多。如果你的子女处于这个年龄段，并且身处一段认真的恋情之中，便很有可能与此人成家。近期的调查表明，人们遇到未来伴侣的平均年龄是 27 岁，女性比这个年龄稍小，男性则稍微超出一些。

玛莎和艾伦在与儿子的女朋友见面后，便满心期盼两人能够组建新的家庭。汤姆遇到利兹时 31 岁，等了 3 个月才把她介绍给家长认识。这时，这对情侣已对这段恋爱非常认真，才会选择踏出这一步。玛莎和艾伦住在儿子附近，因此 4 个人常常聚在一起，也很享受共处的时光。

对于儿子的恋人，玛莎和艾伦通常都很喜欢。唯一的例外，是汤姆在网上认识的一个姑娘，汤姆与她交往了几个月后，在当地一家餐馆把她介绍给了父母。4 个人吃完饭后，汤姆和姑娘与父母道了晚安，然后便离开了。艾伦把账单还给服务员，让他再上一杯加冰苏格兰威士忌。"这姑娘真够神气的，"他一边喝着饮料，一边对妻子说，"你敢相信吗，她事事都要辩个高下！我简直差点儿气炸了，只能强压住火气。"

"这是一目了然的事，"玛莎说，"我相信汤姆也能看得出来。"

玛莎和艾伦根本不需要跟汤姆提晚餐的事，几天之后，他就和那个姑娘分道扬镳了。虽然父母的反对偶尔会让一些情侣越爱越深，但这种所谓的罗密欧与朱丽叶效应只是例外,而并非普遍现象。很少有年轻人故意选择明知父母不喜欢的恋人。

而这次的利兹却截然不同。她聪明、优雅而迷人,玛莎和艾伦可以看出,她对儿子体贴备至,他们真的希望她就是儿子选择的那个人。

当汤姆打电话告诉父母他和利兹决定分手时,两人的失望可想而知。汤姆明白父母有多么喜欢这个姑娘,他解释说:"原因很难说得清,我们相处得不错,但我总觉得激情不够,我们还是比较适合做朋友。"玛莎和艾伦表示,他们非常高兴能够认识利兹,但当然也理解汤姆的感受。

"真可惜,"挂上电话后,玛莎对丈夫说,"多好的姑娘啊。但如果两人不来电,那就没办法了。我相信汤姆的直觉,需要在这段关系中感到快乐的人是他。我相信,他会找到合适的另一半。再说了,他有机会认识新朋友。"

*

当子女与父母看好的恋人分手时,父母很容易就能把意见藏在心里,然而,如果他们认定子女在恋爱上犯了大错、对子女的约会对象心存不满或是觉得两人在某些方面不般配,保持沉默就要困难得多。没有哪个家长愿意看到子女陷入一段糟糕的恋爱关系中。但若父母直抒胸臆却没有得到子女的采纳,双方之间便有可能产生隔阂。

毫无疑问,在子女的社交圈里,你肯定遇见过不太招你

第六章 恋爱与婚姻

喜欢的人。而如果这个人是子女的朋友、同事或非正式的约会对象，那么一般来说，你便没有任何理由抒发心中的不满。子女对此能够有所察觉，随着时间的推移，他们可能不会再带着你不喜欢的人来见你，因此，即便这些人仍然存在子女的生活中，也不再会与你产生交集。然而，如果这个人是子女的潜在恋人或配偶，情况就大不相同了。遇到这种情况，你们一定要找到一种和平共处的方式。

如果子女的年龄还不到25岁，且约会对象让你忍无可忍，在这种情况下，如果两人不打算建立长期的恋爱关系，那么你不急于发表意见也没有关系。你应该热情地对待这个人，避免发表你对此人的看法。子女能从你的行为举止中看出你喜不喜欢这个人，如果你与子女关系很好，他们就不大可能计划与你不喜欢的人结婚。如果你的子女年龄在30岁上下，你就应该对子女的潜在伴侣多加留心了，因为在这个年龄段，急于建立长期关系的需求或许会混淆他们的判断力。

有时，你可以明确表达为什么不喜欢子女的约会对象，但通常来说，这只是一种不好的感觉，很难用语言表达出来。在这种情况下，你应该停下来问问自己，到底是什么因素在困扰着你。与伴侣或朋友讨论你的感受或许会有所帮助，将自己模糊抽象的想法用语言表达出来，然后听取别人的回应，能够帮助你厘清思路。

或许你不喜欢对方的个性，觉得他们沉闷、傲慢、粗鲁或不善社交。或许你完全不理解对方的兴趣，或是对方不在乎你的兴趣，抑或两者兼而有之。如果这样的话，你们还有什么可聊的呢？或许对方的种族、宗教观点或社会背景与你心目中想象的不一样。或许你难以接受子女与有过婚姻的人结合，尤其是对方在之前的婚姻中已有了自己的孩子，你会担心子女可能还没有做好为人父母的准备，因为养孩子毕竟是一个艰巨的挑战。或许，你虽然能够接受子女的伴侣，但无法容忍对方的家庭。

如果你感到不赞成的理由并不会对子女的身心健康造成任何威胁，那么你便不应发表任何意见或采取任何措施。发表意见只会破坏你和子女之间的关系。你对子女伴侣的看法是对是错并不重要，最重要的是两人对彼此的感觉。此外，你的子女是由你抚养长大的，因此很可能与你有一些共同的价值观和世界观，你在子女伴侣身上看到的特质，他们也一样看在眼中，但却并不为其所扰，或者觉得这些消极特质可以由积极特质抵消。想要转换视角并站在子女的立场上审视这个人，或许只需要一点儿时间。在你得出最终结论之前，试着从子女的视角出发。

此外，如果向子女表达担忧，你便有可能把他们置于一个两难的境地。大家共处的时候，子女该如何是好？如果子女的伴侣向子女表达觉得自己不招你喜欢，子女该如何应对？假设子女的伴侣被逼无奈而发出最后通牒，让子女必须

第六章　恋爱与婚姻

二选一呢？

你或许认为，在子女的恋爱关系尚未板上钉钉之前提醒是为了子女好，但实际上却有可能好心帮倒忙。

如果你能用具体事例指出潜在的伴侣会对子女造成什么伤害，问题就另当别论了。遇到这种情况，你应该着重探讨那些令人不安的行为举止，比如情感虐待、物质滥用、拈花惹草、不愿工作或拒找工作等。告诉子女并指出问题，在看到对方的行为发生持久改变之前，不应选择步入长期关系。如果子女对你的建议置若罔闻，仍选择维持这段关系，那么你也无能为力。遇到婚后出现的此类问题，你可以帮助子女共同应对。

可是，即使你对子女的另一半非常满意，如果两人决定结婚，其婚礼甚至婚后生活也同样会给你带来一系列全新的挑战。

婚礼成员问题

婚礼本应是快乐的场合，大多数婚礼也的确如此。但是，多人参与的活动往往牵扯到大量的决定、激起强烈的情感、耗费大量的时间和资源，同样，策划婚礼也有可能造成大量的分歧。

在考虑婚礼相关事宜时，将婚姻和结婚仪式区分开非常重要。**婚姻**的主角确定无疑，应由他们决定举办怎样的仪式，这是因为，婚礼是新人对于婚姻的理想和目标的反映。因此，婚礼由谁主持、各自的着装以及交换的誓言，都应该由他们自己来决定。但在决定婚礼日期之前，你或许要处理一个可能带来分歧的潜在因素：这场**婚礼**是属于这对新人，还是属于新人的家人。

这种观点在不同的文化和世代之间有很大的不同，在一些情况下，在所有参与者的眼中，婚礼就是新人的一方或双方家庭主办的单个或一系列活动。在这种情况下，婚礼应由主办婚礼的一方来决定，因为这场婚礼反映的是**整个家庭**。这种观点听起来可能有些过时，但在许多文化中，尤其是那些注重强调"家庭主义"的文化中，将整个家庭置于单个成员之上都是一个根深蒂固的观点。

在其他情况下，婚礼被视为以新人为主角的场合，庆典的形式也应由新人来决定。这是他们向大家展示**自我**的方式。

鉴于美国是一个移民国家，不同种族之间的婚姻越来越多，结婚的新人之间或是新人与家长之间的观点存在分歧并不罕见。解决这个问题没有简单的方法，只能靠开诚布公的交谈。一种模式是举行两场庆典，一场由家长主办和规划，另一场则由新人主办和规划。

关于由谁来支付庆典的哪一部分经费，并不存在放之四海皆准的单一规则。美国传统的观点是，新娘的家长为婚礼

第六章 恋爱与婚姻

买单，新郎的家长为婚礼前的庆祝活动买单，比如彩排、欢迎晚宴或婚宴以及新人的蜜月。但许多家庭并不遵循这种模式，如今有越来越多的新人选择晚些结婚，也就是等到他们自己拥有经济实力的时候，因此有更多人要么自己支付婚礼费用，要么与家长分摊。

决定如何分摊婚礼和其他活动的费用，最好由新人分别与各自的家庭协商，因为这样可以避免大家意识到一家比另一家掏钱更多时的尴尬。这样一来，知道双方家庭出资数额的人就只有新郎和新娘。如果你的子女和另一半准备采取这种模式，那就不要打探另一方的家长出了多少钱。不同的家庭各有贫富，即使双方家庭的收入相当，需要为 4 个子女的婚礼出资的家长的责任也与只需操心独生子女的家长不同。如果你提出出资赞助婚礼，就等于是送给这对新人一份礼物，礼物大小不应受到其他人的馈赠的影响。

在讨论财务问题之前，新人应该规划一下大致章程，就各个环节可能花费的经费搜集信息。在此之后，新人可以分别与各自家长协商，看他们能贡献多少。然后，这对新人可以算出他们能够负担得起的费用，按需修改计划，并商议如何用最合理的方式使用双方家庭的资助。他们可能会做出决定，把庆典中一部分经费交给一方家庭承担，另一方家庭则承担另一部分的经费，抑或提议将所有资金都集中起来使用，而不指定各方具体支付哪一环节。

关于如何利用你的资助的问题，需要由你和新人来决定。如果你们商议好这笔钱专门用于婚礼招待会或彩排晚宴等具体的活动，那么除非另有安排，活动的细节最好由你和新人共同决定。如果大家在桌布颜色这种细节上意见不一致，哪怕只是为了减少新人的压力，也应该按照他们的喜好去办。但是，如果是在邀请名单这种重要问题上产生了分歧，那就试着使用协作解决问题的方法。但是，婚礼不同于一切细节由你自己决定的派对，因为婚礼通常只是一系列活动的一个环节，而其他环节要由新人和另一方的家长一起计划。例如，如果由你来主办婚宴，而另一方的家长主办欢迎晚宴，那么新人就需要进行协调规划。毕竟，没人希望两场活动的菜品出现重复。

与新人见面策划由你主办的活动时，无论你是否出资，都要试着灵活变通一些。筹办婚礼是一件有压力的事情，因此不要给这对已在重压之下的新人增加压力。希望到目前为止，你们大家已经对彼此有了深刻的了解，能够制订出人人都能接受的活动日程。你可以与每个人进行一次初步的对话，让大家表述自己的想法。之后，大家可以花上几天的时间仔细思考，然后再次开会，看看是否有办法满足每个人的愿望，或至少部分满足。

支付婚礼费用并不是造成家长和子女婚前关系紧张的唯一潜在原因。对于邀请参加婚礼和婚宴的宾客，大家可能意见相左；如果家长中的一方或双方离婚或再婚，与前任关系紧张，潜在问题（如出资问题）可能也很棘手；安排哪些人向新人敬酒，以及敬酒的顺序是什么；如何安排座位；如果婚礼在度假胜地或异国举办，住宿费用该如何分配。遇到这些问题，应由新人做出最初的决定，然后再征求双方家长的同意。

如果你不同意计划的某些内容，那就表达你的担忧，并提出解决方案。作为新娘或新郎的家长，不管你是否在经济上进行了资助或资助了多少，你都应该表达自己的意见。务必要在婚礼前发表意见，这样才能在重要日子到来之前把一切问题都处理妥当。你的家庭或许并不属于非常传统的类型，但双方的家长都应该得到尊重，尤其是在子女的婚礼上。如果你在子女结婚的第一天就没有得到尊重，今后便很可能面临更大的问题。婚礼结束之后，如果新人要去度蜜月，就等蜜月之后表明你对自己所受不公正待遇的不满，尽早把问题摊开解决。最好选在你的子女和另一半都在场的时候，以便让每个人都听到你的担忧。

子女的亲密关系如何影响与家长的关系

人们常说，当子女结婚时，你并未失去子女，而是多了一个女婿或儿媳。这句话只说对了一部分。当子女结婚或进入一段认真的长期关系时，家长虽然没有**失去**子女，但关系在某种程度上的确发生了变化，可能会有一种失落感。（我在书中可能会使用"已婚""配偶""姻亲"等用词，但我所指的不仅包括合法结婚的夫妇，也包括没有婚姻关系的情侣。）

子女对他人产生情感依恋时，会在情感上与家长渐行渐远。青春期的亲密关系不同于子女之前经历过的任何关系，意识到自己可以从男女朋友那里获取爱和支持，会让青少年感到更加自信和成熟，也提供了从家长那里独立出来的必要条件。在年轻人结婚的时候，也会出现类似的情况。

人际关系的变化会改变我们对自己的看法，进而改变我们与他人互动的方式。建立新的亲密关系减少了年轻人对家长情感支持的依赖，使二者变得更加疏远，这是远离家长、培养自主权的重要环节。如果你与子女的关系**没有**随着他们步入婚姻而改变，反倒让人感到意外。

事实上，如果子女在投入亲密关系后仍没有跟家长有所疏远，我会怀疑这段关系是否满足了他们的情感需求。新的婚姻虽然不应切断子女与家长的联系，但如果新人在遇到困难时频繁求助于家长而不是伴侣，那就不太对劲了。子女在亲密关系中投入的情感能量是有限的，在步入婚姻之后，他们应该把大部分精力投入在配偶身上。

在许多不同的领域，子女和伴侣必须做出在同居之前不必面对的决定。其中一些决定稀松平常，比如如何布置自己的房子、买什么样的车、到哪家商店买食品杂货。但一些决定却影响重大，比如该买哪幢房子、如何抚养孩子、到哪里去度假等。其中的一些决定与你对子女的印象相去甚远，或是与你的意见相左，因此让你感到出乎意料。

遇到这种情况，尽量不要生气。首先，你并不确定这些决定是不是根据子女的喜好做出的。其次，与伴侣和平相处比取悦家长更重要，这也是理所当然的。与他人一起生活的一个重大的意义，就在于允许对方影响和改变你。

事实上，即使子女的一些观点与你相左，这也并不是对你的品位、想法或价值观的否认。子女只是认识到，在他们的生活中，某人的意见要比你的更重要。如果你不得不偶尔忍气吞声，这也只是你为子女的婚姻幸福付出的小小代价。说不定，你迟早会认同子女和伴侣协同做出的决定，态度也会从消极转为积极。你或许一向不太喜欢某种风格的家具，但到子女家做客时坐在女婿或儿媳挑选的椅子上，你却感到椅子的外形虽然不招人喜欢，但坐上去还是挺舒服的。

在考虑子女的婚姻对你们关系的影响时，另一个因素在于你是母亲还是父亲，以及子女是儿子还是女儿。在许多情况下，婚姻会拉近母亲和女儿的关系，因为在大多数家庭中，女性是所谓的"家庭关系维系者"，也就是维护家庭内部以及家庭与外部世界关系的人。

家庭关系维系者的目的旨在确保家庭成员和睦相处。为了达成这个目标，女儿结婚后，母女之间的关系往往比父亲和子女或者母子之间的关系更加密切，因为母女都是家庭关系维系者，或许要比其他两人组合更频繁地商讨家庭计划和关系，比如如何协调两家人对于重大节庆的喜好等。

女性从出生起就比男性更乐于社交，也更善于社交，这一点在一生中的任何阶段都是显而易见的。女孩通常比男孩更早开口说话，而女孩在语言开发的各个方面都比男孩发育的速度快，包括将单词拼凑成短语和句子。女孩在非语言的沟通上也比男孩更快，包括眼神交流、使用手势和社会性参照，也就是通过观察别人的表情和情绪来获取线索。女孩在社交技能方面的优势贯穿整个童年和青春期，对女性与他人的互动方式产生了巨大的影响，并促使女孩和成年女性在朋友和家庭关系中表现出更强烈的情感。女性不仅更善于沟通，而且更擅长社交技巧，对人际关系也更感兴趣，使她们有条件成为理想的家庭关系维系者。如果你是一位母亲，且女儿即将步入婚姻殿堂，那么你们的关系或许会比婚前更进一步。

如果你是一位父亲，那么无论子女的性别是男是女，你们的关系都可能变得更加疏远，或许你需要主动打电话聊天或提议共同参与一些活动，通过努力才能恢复从前的亲密关系。时不时与子女独处一段时间，要比让子女的母亲和伴侣一起参与进来更有助于巩固父子或父女关系。当然，这种大家一起参加的全家活动固然重要，你与子女单独相处的时间不应取代这些全家活动，而应该是一种补充。

如果你是一位母亲且儿子刚刚娶妻，看到儿媳和她的母亲竟能如此频繁地发短信和聊天，而你与儿子的交流则少得可怜，你的心里或许会有些嫉妒。如果你的儿子和儿媳生了孩子，这种差距只会进一步加大，因为第三代的出生，意味着儿媳和她的母亲之间有了另一层需要探讨和维护的关系。

想要在子女婚后仍然保持联系，方法之一就是与子女的另一半建立牢固的情感纽带。与子女的伴侣维持良好关系的诸多好处之一，在于这能让你与子女之间的关系更加牢固，也有可能让你和子女的另一半成为挚友。这样一来，你不但能够与子女共度时光，也同样享受与子女另一半的共处时光。

与子女的伴侣相处

与子女的另一半建立良好的关系，对于你与子女之间的关系质量至关重要，如果家中有了第三代，这样做的重要性就更明显了。

婚后，你和子女另一半的关系将分为3个阶段逐渐展开：**蜜月期**、**评估期**和**平衡期**。如果你成了祖父母，与子女伴侣的关系便会进入第四个阶段，我会在第八章探讨这部分内容。

蜜月期。在子女新婚燕尔时，你与子女伴侣的关系与其他亲戚的关系有所不同。对方或许还不熟悉你家的规范、标准或传统，对其中的部分内容或许并不认同。子女的伴侣之所以出现在你的人生中，并不是你选择的结果，而是因为子女的选择使然。即便你对这种选择心怀不满，你们也需要和睦相处。此外，你不能因为你们两人出现争端或是你觉得自己受了不公的待遇就选择切断关系，因为任何类似的尝试都会给整个家庭带来持久且不愉快的后果。

家长与子女另一半之间的关系事关重大，任之恶化会造成巨大的代价，营造一个好的开始也需要巨大的付出。

这种关系是双向的。在大多数情况下，至少在新婚阶段，子女的伴侣也希望与你搞好关系。如果你与子女关系和睦，子女的伴侣也会希望让自己成为你生命中积极正面的存在。这种关系对他们来说同样事关重大。

在蜜月期，你们双方都可能会拿出最好的一面。你可能会特意表现得体贴入微、赞美备至，比如祝贺对方取得成就，在给子女打电话时也与其另一半多聊几句，或是发些他们可能会感兴趣的链接。如果你住在附近，那建议两人偶尔出去散散心，以便更好地了解彼此。

你的子女也希望家长与伴侣能够和睦相处，因为任何形式的矛盾都会对他们造成影响。如果子女意识到你们的关系出师不利，便很可能想要尽快解决问题（前提是子女必须对此有所觉察，但并非所有的子女都这么敏感）。他们可能会特意组织家庭活动，让家长和伴侣一起度过快乐的时光，希望由此带来的好心情能够影响你们双方对这段新关系的感受。当蜜月期在几个月后结束时，事情可能会变得更加复杂，因为你与子女另一半的关系会开始从相互间几乎不带任何责备的接受，转变为更为谨慎和客观的评价。现在，你们进入了对于这段关系的评估阶段。

评估期。对于事关重大的关系，误解可能造成沉重的代价，因此双方会尤为警惕。他们可能会避免做任何可能会让对方不悦的事情，但也会对对方的忽略和冷落格外敏感，这些忽略和冷落出现的频率如果并不频繁，便很可能是无心之举。双方都在努力表现出最好的一面，但同时也可能都在密切关注被拒绝或不受尊重的迹象。不管这种怠慢是有意还是无意，如果你在子女婚后不久就觉得自己受到了不公正的对待，那就私下跟子女提出来，把这种苗头扼杀在萌芽状态。例如，你可能希望在赠送礼物或精心款待之后收到子女另一半的一封感谢信，但对方却没有写感谢信的习惯，如果你向子女提出这个问题，他们就可以对另一半说明，感谢信对你来说很重要。

如果你和子女的另一半之间有了矛盾，你们双方都不希望被视为挑起事端的一方。你们最不希望看到的，就是子女指责你们中的一方给另一方添乱并把他们也卷了进去。如果遇到这种情况，你的子女可能会和你们双方单独进行一次令人尴尬的谈话，谈话的核心内容是："我知道你们俩一开始就闹得不愉快，但我很希望你们找到一种舒适共处的方式，因为如果你们无法和睦共处，大家都要跟着一起受罪。"

在评估期的开始，你和子女的另一半可能会小心翼翼地互相试探，了解对方的痛点在哪。在这段关系中，你们不可能一开始就明白对方会因什么事情而生气和积怨。这是一个需要试错的过程，迟早有一天，你们中的一方会因无心之举惹得对方不悦。

如果你认为自己受了不公的对待，在对子女开口之前，应该先与朋友或伴侣讨论，确认自己没有误解或反应过激。在这个阶段，最好不要对偶尔出现的怠慢发表意见。你可能也犯过一些无心之过，给这段新的关系一些时间扎稳根基。

了解子女的另一半本质上是什么样的人，以及如何进行最有效的沟通，对于你们双方而言都是一个挑战，尤其是对你来说。因为，子女的另一半毕竟有你的子女作为"居家教练"，有机会提前了解与你相处的最佳模式。一起吃晚餐前，你的子女可以建议另一半应该说什么或做什么，并提醒哪些语言或行为可能会引起矛盾。

与此同时，子女或许不会给你相同的指导，因为你和子女的另一半之间存在着固有的地位差异。你和子女的伴侣都应该拿出友好且和善的一面，但子女的另一半也应向你表达家长应该享受的尊重。你的子女不太可能像对待另一半那样把你拉到一边，明确敦促你改变自己的行为。（这种情况或许会在未来发生，但很少在婚姻初期就出现。）

在评估期偶尔出现的一个问题在于，到底是该和子女沟通他们另一半的问题，还是和子女的另一半沟通子女的问题。在尚未确定你与子女另一半的关系会发展到哪一步之前，如果你对他们的行为举止或身心健康有所担忧，那就应该先向子女征求意见，看看如何最有效地处理这个问题。

假设你的儿媳看起来情绪低落，对于你们两人而言，直接向她表达你的担忧可能还为时过早。因为你还不了解她平日里的情绪波动是什么样子，你眼中的抑郁，或许只是她偶尔陷入的一种情绪，但你的儿子明白并理解这一点。直接找儿媳交谈，即便是对她表达同情，也会使她产生难堪或厌烦之情。更明智的方法，是向儿子分享你的担忧。你的儿子可能会解释说这没什么好担心的，他知道妻子有抑郁情绪，而且已经讨论过这个问题，或者他会建议你直接和儿媳探讨。在这件事上，请相信儿子的判断。

如果你对子女有所担忧，那就在私下里交谈，而不要牵扯到子女的另一半。唯一例外的情况，可能是你担心子女有可能伤害自己，比如他们表达过自杀的念头，或是你觉得他们有物质滥用的问题。假设你第一次表达担忧并建议子女寻求帮助时没有得到回应，这时，再与子女的另一半分享你的担忧，由他们与子女进行沟通，效果可能更好。

评估期持续的时长，取决于你和这对新人共处的时间。有的父母与新人住得很近，有的则离得太远而不能常聚，二者的情况也各有不同。对于长时间的探访，不同的人表现各有不同，有的人善于展现最好的一面，有的人却难以胜任。如果你只能通过这些长时间的拜访了解子女的另一半，或许得多相处几次才能得出全面的了解。

你也可以在拜访之间穿插些电话或视频通话，这种方式虽然不理想，但也有助于彼此的了解。但是，我认为通过电子邮件或短信了解彼此并不明智。因为我们都知道，用文字表达情绪往往会造成误解，想要了解某人的情绪状态和意图，往往要从对方的语气、面部表情和肢体语言中获取信息。一旦你与子女的另一半建立了稳固的关系，便可以尝试使用电子邮件或短信进行沟通了。

平衡期。无论是在家还是餐厅吃饭、郊游、假日聚会、长住、度假，当你与子女的另一半在不同场合共处了足够的时间，便会形成一种稳定的关系，除非发生离婚、孙子孙女的出生或是家里人得了重病这样的重大事件，你们的关系不会出现太大变化。

很难预测你们之间的关系会如何发展，也没有唯一"正确"的相处模式。你们可能很快就能成为好友，经常一起参观博物馆、徒步旅行、飞钓、烘焙、观看体育比赛或者尝试任何共同的兴趣。你们甚至可能发展出一种独立于你和子女之外的亲密关系，联系的频率可能比你和子女更加频繁。如果你与子女的伴侣关系非常融洽，且彼此结识的时间已经足够长，那就可以开诚布公地交流，而不必依靠子女作为中间人。

一些家长虽然喜欢在家庭聚会上见到子女的另一半，但在聚会的间隙却很少见面或交谈。还有一些家长虽然在见到子女的伴侣时非常热情，也会在晚餐碰巧坐在一起时相谈甚欢，但除此之外不会努力加深感情。还有一些子女会与伴侣的家长心照不宣地互相忍耐，避免招致不悦。

也许你们中的一方希望关系能够比现在更进一步，但家长与子女的另一半只需和睦相处，就能维系和平。在一段时间的相处之后，你应该学会接受现状，而不要试图做任何改变。

没有任何法律或习俗规定家长和子女的另一半必须彼此喜欢。如果你们恰好志趣相投，这当然是十足的幸事，你也应该经常向对方表达心中的感恩。

养育是一生的课题

帮助子女处理与伴侣的矛盾

所有的伴侣都会吵架,平均每月都会闹几次矛盾是常事。子女与另一半之间的冲突一般无须担心,你也不必干预。如果你感觉两人之间存在矛盾,但两人都没有跟你提过什么问题,那就不要加以评论。在一段认真的长期关系中,争吵通常是由于沟通不畅或对一些小事的误解产生的,比如某人忘了要办某件杂事。(不同于传统观念,性爱和金钱通常**并不是**伴侣争吵的原因。)这一点在新婚阶段尤为明显,也就是蜜月期之后到两人找到建设性解决分歧的方法之前。看到一对新人争吵闹别扭,并不意味着婚姻陷入了水深火热之中。

如果当你在场时子女与另一半发生争执,或是你正好赶上两人闹别扭时到场,那就找个借口离开,让他们自己解决问题。你可以说:"我觉得最好让你们俩私下解决问题,我们可以找个更合适的时间再聚。"下次碰面或交谈时,不要对这件事发表评论。这样做,只会再度引发之前的分歧。

这个方法有一个例外,那就是当你发现任何人身暴力的迹象,或是有充分的理由相信暴力已经迫在眉睫的时候。如果伴侣的一方或双方喝了酒,矛盾便很可能激化。在这种情况下，你应该尽可能把伴侣分开，让他们停止争吵，等到事情平息下来再离场。如果你发现事态很严重，那就立即拨打美国家庭暴力热线（1-800-799-SAFE），尽量把两人之中的一人带离现场，在美国，超过 1/4 的凶杀案都与家庭暴力有关。

如果子女在恋爱关系中经历了一段艰难的时期，他们可能会向你求助。这时，你应该不带评判地倾听，并提供情感支持。通过提问深入了解情况，但如果对方不提要求，就不要提议修补关系或提供具体方法。即便要求你给出建议，你也应该专注于帮子女想出建设性的方法解决冲突，而不仅仅根据一家之言来判断冲突的原因（分歧的双方往往都有理由）。婚姻稳固的关键不在于避免冲突，而在于如何阻止冲突升级和解决冲突。如果两人刚新婚不久，你的态度不应不屑一顾（"我觉得你太小题大做了，两口子都有争吵的时候"），但也不要反应过激。相反，请站在**两个人**的立场上看问题，而不只是偏袒你的子女（"产生这种矛盾，你们双方肯定都不好受"）。

虽然概率不大，但当子女的另一半找你探讨两人的分歧时，你的表现应该像对待自己的子女一样：不带评判地倾听，站在对方的立场上想问题。虽然家长很容易想要站在子女的一边，但请千万不要这样做。绝大多数的关系都足够牢固，可以抵御偶尔出现的问题，如果两人的关系抵御了挫折并重回正轨，你应该与子女的另一半保持良好的关系。站在子女一边，可能会导致进一步的冲突。

如果你知道子女和伴侣争吵频繁、激烈或不可调和，那就建议尝试婚姻咨询。如果两人的问题源于平日的沟通不畅，婚姻咨询尤其有用。

*

与20世纪70年代末的高峰相比，离婚在现阶段的美国已经不那么普遍。大多数专家将离婚的减少归因于人们推迟结婚时间点，利用这段多出来的时间更加谨慎地挑选配偶。离婚率在大学毕业生之中尤其低，在受过大学教育的女性和男性之中，约有4/5的女性和2/3的男性的婚姻至少维持了20年，而这个数字在受教育程度较低的人之中只有不到一半。其中有两个主要原因：首先，两人结婚越早，离婚的可能性就越大，而且结婚的年龄与结婚双方受教育的程度高度相关；其次，离婚的主要原因出于经济压力，而受教育程度较高的人，其收入通常也更高。有趣的是，尽管新冠疫情对社会造成了巨大的压力，但离婚率却比以前有所下降，许多伴侣都表示，在疫情防控期间，两人的关系变得更亲密了。

如果你的子女已经年过30，这正是离婚率最高的年龄段。但也不要忘了，对有大学学历的人来说，任何年龄段的离婚率都是较低的。

离婚在婚姻的前两年最为常见，在婚后5年左右再次出

第六章 恋爱与婚姻

现高潮。5 年之后，大多数伴侣已经在一起生活了 7 年（这也在一定程度上证明了"七年之痒"的概念），离婚的概率会出现稳步下降。我们可以假设，婚后不久出现的离异是判断失误所致，但第二次离婚率激增的原因尚不清晰。婚姻满意度在新婚几个月后稳步下降，即便那些总体较为幸福的伴侣也是如此。在大约 5 年之后，很多伴侣会做出决定，要么维持这段不太完美的关系，要么选择结束。

尽管美国当今的离婚率已达 20 世纪 70 年以来的最低点，但对你的子女来说，婚姻失败的可能性却一直存在。经历离婚会给人造成沉重的压力，但这种压力是暂时的，且结束一段不幸福的婚姻要远远优于维持这样的婚姻，因此，你应该鼓励子女在还有希望时努力解决问题，但不要试图说服子女在无法坚持的婚姻中一味隐忍。此外，大多数 30 多岁离婚的人通常在 4 年内再婚。就算子女离了婚，也无须孤身一人面对余生。

如果子女离了婚，你可能需要在经济、住房、育儿和法律费用上提供帮助。然而，更多地参与子女的生活，要比这种类型的帮助更加重要。离婚通常会导致人际关系的丧失，因为当人们与配偶分开时，便很可能会失去与之前姻亲的联系（且他们的关系可能非常融洽），一些朋友则可能选择切断与一方的联系，与另一方继续交往。针对离婚人士心理健康状况的研究表明，来自家庭的社会支持是对抗抑郁、痛苦和失眠的重要缓冲，对于幸福感和生活满意度也有重要意义。

如果离婚的子女已经为人父母，第三代可能还很年幼，相比于 10～19 岁的孩子，年幼的孩子更不容易因为家长分手而产生心理问题。无论孩子年龄多大，在家长离婚后，他们与双方关系的质量要比具体的监护权安排对身心健康造成更大的影响。所以，你应该尽力避免让子女陷入争夺监护权的纠纷中。为了孙子孙女的健康，试着引导子女和前任远离争端四起的监护权之战，提醒他们注意，家长的沟通会影响孩子的心理健康，切勿煽风点火，让紧张的局势变得更糟。

有的时候，离异的伴侣会陷入对彼此的怨恨之中，以至于忘记如何最好地为孩子谋求利益。尽你所能鼓励子女和前任保持友好的关系，让孩子远离他们的争吵。与家长分居或离婚相比，婚姻和婚后的冲突对孩子心理健康造成的伤害要大得多。为了孩子而勉强在一起对孩子并无好处，如果家长总在争吵，反而会对孩子造成伤害。

在离婚之前，如果子女和孩子关系融洽，即便没有得到监护权，也应参与到孩子的生活中。如果你能为此提供条件，比如安排三代人共同参与某些活动，那就应该付诸行动。

与孙子孙女保持密切联系，对他们的身心健康也有重要的意义。如果你的子女与前任关系疏远，且对方试图阻拦你与孙子孙女见面，那就与对方探讨，解释你为什么觉得参与孙子孙女的生活对双方都很重要。试试看对方是否会改变主意，同意你按照双方认可的时间安排定期见面。如果沟通无果，你可以向法院申请探视权，但必须证明继续接触对孙子孙女有益。在美国，子女离婚后，祖父母与孙子孙女共处的权利因州而异。

针对离婚的各项研究一致表明，对双方家长和孩子来说，离婚带来的困境通常只是暂时的，在离婚两年内便会消失。如果你正因为子女离异而经历一段艰难的时期，这种困境也可能只是暂时的，无论是对于你还是子女及其孩子，艰难的时期都会随着时间而改善。如果条件允许且子女有需要，就在情感和经济上提供支持，这能帮助子女更快地恢复过来。如果你为子女和孙子孙女的遭遇感到心痛，记得告诉自己，生活在糟糕的婚姻中，对他们都没有好处。在大多数情况下，苦尽甘来的一天终会到来。

第七章
迷失与坦途

第七章 迷失与坦途

我的子女是否迷失了方向？

看着子女步入大学、事业和感情的世界，你或许会纳闷儿他们是否踏上了正轨，能否取得正规的教育、在工作中取得成功、与伴侣建立美满的亲密关系。与你年轻时相比，当下成年人的时间表已经发生了巨大的变化，我们很难判断子女是否正朝着成功的成年生活迈进。

出于这个原因，年轻人的家长最常问我的一个问题，就是如何判断自己的子女是否选错了方向。

如果某个年轻人在迷茫中挣扎，难以确定想要踏上哪条道路，我们便说这位年轻人迷失了方向。迷失方向的特点是在学校、工作、人际关系或生活方式上出师不利和茫然失措，无法在这些领域找到自己的立足点。一般来说，迷失方向的年轻人会感到不安、无助、悲观、疏离和沮丧。有些人似乎因优柔寡断而寸步难行，有些人则如无头苍蝇，从一个错误的决定跳到另一个。不管怎样，迷失方向的年轻人难以取得任何进步。

与迷失方向相对的，则是一路坦途。几年前，我和同事一起开发了一种帮助人们踏上一路坦途的模式，我们取名为"EPOCH"，由 5 种优秀品质的英文首字母的缩写组成：

- 投入（Engagement，专注于所选活动的能力）
- 毅力（Perseverance，面对障碍的勇气和决心）
- 乐观（Optimism，对未来充满希望和信心）
- 沟通（Connectedness，与他人建立令人满意的关系）
- 幸福（Happiness，对生活感到满足）

如果你的成年子女具有这些品质，他们便能一路坦途。即便还没有实现自己的目标，也具备成功者所需的心理素质。

有些人或许会在一个或多个生活领域迷失方向；有些人在某些方面迷失方向，在其他方面则一帆风顺。在我认识的年轻人之中，一些人虽然对事业一片茫然，却能在一段认真的恋情中寻得幸福；有些人对自己的工作生活非常满意，虽然渴望爱情，却找不到合适的伴侣；还有一些人则感觉在整个人生的方方面面都找不到方向。

造成迷失方向的既有客观因素（比如某人的生活境况），也有主观因素（比如某人对生活境况的感受），因此，在判

第七章 迷失与坦途

断子女是否陷入泥沼之前,请务必同时考虑这两个方面。不要把你自己的担忧或焦虑投射到子女身上,仅仅因为你在30多岁时因单身而郁郁寡欢,并不意味着子女对单身也有同样的感觉。另外,想要更换工作也并不意味着子女对未来感到悲观。

此外,仅仅因为子女没有按照你认为正常的时间表在人生中进步,并不意味着他们一定迷失了方向。迷失方向与"稍晚"进入成年角色无关,更多是不确定、优柔寡断和沮丧带来的结果,这些迹象表明,你的子女对于自己的身份感到迷茫。

正如我一再强调的,与上一代人相比,当代年轻人的时间表并不会按照同样的时序展开。你或许认为子女迟迟没有结婚组建家庭,但相比于你还小的时候,当代年轻人结婚的时间要更晚,且许多年轻人都很享受单身无子的生活。你可能觉得,上了6年大学却没有拿到学位的现象令人费解,但与上一代人相比,现在的人们要花更长时间才能毕业。在你看来,子女的职业生涯似乎花了很长时间才起步,但这在现在的劳动力市场上并不罕见。看到成年子女搬回家住,你可能会感到不安,但如果子女只是想要攒钱支付买房首付,这种决策就完全说得通了。

以下4种观点,往往会让家长担心子女在人生道路中迷失了方向:耗时太长完成学业、没有明确的职业规划、尚未确定一段稳定的恋爱关系，或是在独立生活后被迫搬回家住。可是，这些因素并不一定表明子女真的迷失了方向，或许是他们无法控制的因素造成的。身为家长，了解造成每种情况的原因以及如何有效应对，有着重大的意义。

长年毕不了业的学生

对于家长和子女而言，毕业都是人生中一座最重要的里程碑。除了宗教仪式之外，现代社会几乎没有其他成年仪式。遗憾的是，一些家长未能亲眼见证这些成年的转变，因为子女在完成学业之前就辍学了。一些家长则感觉被暂时剥夺了见证子女成年的权利，因为他们的子女似乎为完成学业花费了太长时间。这些家长或许会好奇子女是否会永远待在学校，需要承担子女学费的人则更是如此。

一些家长担心，这种迹象表明子女在学业上迷失了方向，但真实情况却并非总是如此。"长年毕不了业的学生"分为两大类：一类是学生要花很长时间才能完成本科学位，另一类是学生虽然从大学毕了业（用时有长有短），但会继续留在研究生院或职业学院深造，多修（或尝试多修）几个学位。

让我们从长时间留在大学完成本科学业的人说起。

如果20多出头的子女在学业上迷失方向，你应该把这视为一种心理健康问题，而不是对于家长认为"应该"毕业的时间的背离。不要一味盯着时间，而是扪心自问，为什么你的子女没有和其他同龄学生一起完成学业。你的子女是否不敢面对离开学校后下一阶段的生活？这听起来虽然像是迷失了方向，但一些学生虽然希望在合理的时间内完成学业，无奈制度却阻碍了他们的进程，比如他们所在的大学经常无法提供足够多的必修课，因此学生无法按时完成学业。这与子女有意不完成学业的情况截然不同。

你可能会惊讶地发现，在美国过去的一代人中，我们通常认为完成四年制大学本科学位的平均时间增加到了大约 5 年。在 4 年内完成学业的人不到总人数的 45%，在五年内完成学业的人则不到 65%。有些学生完成学业的时间更是大幅拉长：大约 1/3 的学生需要 6 年或更长时间，1/4 的学生需要 7 年或更长时间。现在量化疫情对毕业率和毕业时间的影响还为时尚早，但毫无疑问，疫情扰乱了许多学生的学业，也增加了年轻人普遍存在的心理健康问题，这两种情况都可能导致学生花费比预期更长的时间完成学业。

导致毕业用时拉长的许多原因都在学生的控制之外，与迷失方向毫无关系。例如，在疫情防控期间，许多大学将大部分课程从面对面授课改为远程教学。许多即将升入大学的新生原本希望体验传统的大学生活，比如住在宿舍里、与同学同吃同住、与教授面对面交流、与同龄人互动交往，因此，他们决定等一切恢复正常再入学。这并不表示他们迷失了方向。

如果学校无法经常提供毕业所需的课程以满足每个学生的学分需求，这也不能算是学生迷失方向的象征。必修课不足的情况，迫使许多学生花费更多时间留在学校。这已经成为高校中一个普遍存在的问题，而造成问题的原因，在于高校招生的增速高于扩充师资力量或教学场所的能力。如果学生因为经济原因被迫休学，或因为参军、为人父母甚至通过兼职打工缓解家庭经济负担而不得不暂时将毕业时间推迟，我也不会觉得这样的学生迷失了方向。

想要确定子女是否在学业上迷失了方向，应该考量他们做出延后毕业决定的时机、频率和冲动性。有些学生会把就读大学的时间拖到四五年以上，这是因为他们频繁换专业，无法在更短的时间达到学分要求。有些学生会多次转学，如果一些课程的学分不能转，就会导致毕业推迟。有些学生不仅换专业，**还会**转学校，致使毕业时间进一步推迟。所有这些，都是迷失方向的表现。

还有一些年轻人会频繁休学再重返学校，本想完成学业，结果却总是找借口休息，目的通常不过是为了偷懒闲晃。有些学生之所以推迟毕业，是因为他们不喜欢工作，而是享受校园里的社交、在家长提供经济支持时轻松完成课业。这也是一种迷失。如果你的子女的情况与此雷同，那么比起待在大学，请假搬回家住要省钱得多。但一些年轻人可

第七章 迷失与坦途

能觉得与家长同住的条条框框太多，且一些家长也不太乐意与已经步入大学的子女同住。

虽然可以理解子女想要换专业，但是时间毕竟是一个重要的考虑因素。正如我之前提到的，20岁出头的人，其大脑还在发育，或许会做出冲动的决定，并非人人都能暂停一下思考选择的后果。换专业在当下似乎是一个好主意，但在大二和大四换专业，情况则截然不同。

大一的时候，亚当进入了一所大型公立大学，却迷失了方向。进入大一时，他主修生物学，希望成为一名兽医。随着时间的推移，他发现这条职业道路需要修完许多困难且耗时的科学课程，但他对科学并不擅长，于是放弃了这个计划。他简单地考虑了各个研究领域，却无法将注意力集中在其中任何一个领域上。他的女朋友在另一所大学主修艺术史，她建议亚当试试她的领域，一来因为她本人很热衷，二来也希望未来两人有共同的爱好。

亚当没有多想，就把大二之前注册的所有理科课程都换成了艺术史学位的必修课，却在大二接近尾声时发现艺术史并不适合他。他决定再次换专业，这次试一试商科。然而遗憾的是，在做出决定之前，他并没有仔细研究商科课程大纲。大多数商学学位都要先修完微积分、统计学和金融分析等课程，这些都是他在大学头两年没有修过的。如果想要获得商学学位，他几乎要从零开始学习。他虽然坚持了下来，但总共花了 6 年半的时间才毕业,完成学业时,他对于商科的犹豫,并不比生物和艺术史好多少。

一些学生甚至会在大学毕业**之后**在学术上迷失方向。他们报名高等学位课程,本打算拿到学位,却发现自己做了错误的决定,于是在拿到学位之前或之后跳转到不同的学术领域。同样,在转换学术领域时,仓促行事和制订可靠的计划也是截然不同的。

一些学生之所以在本科毕业后申请或更换其他课程,是因为他们认为劳动力市场即将发生剧变。他们试图预测哪些经济部门会在两年后招聘人才,并做好准备,迎接预计未来会出现空缺激增的岗位。问题在于,这些预测并不总是准确的。如果真能准确预测未来两三年的经济状况,这些人最好不要继续接受教育,而是把学费投资到他们认为能够引领变革的公司中去。凭借对未来的预感而放弃或就读(或是先就读再放弃)学位,非常欠考虑。

当然,比如工商管理硕士这种所谓万能的高等学位,或许会适合那些还没有决定自己职业道路的人。然而,这些专业(至少是那些好的专业)门槛很高,而且学费非常昂贵,与在某个行业中获得一个入门级的职位,并利用获得学位相同的时间在公司里逐步晋升相比,这些专业的投资回报或许并不划算。

如果你的子女正在考虑获得硕士及以上学位以便取得申

第七章 迷失与坦途

请工作的优势,你可以鼓励他们咨询专业人士,因为这些人能就该行业的职业情况提供中肯的意见。有些人可能会建议你的子女回到学校攻读更高的学位,有些人可能认为继续进修在资金和时间上都不划算。通往成功的最佳途径,并非一味在名字前面堆砌头衔。

除此之外,还有一种与前几种截然不同的长年毕不了业的学生,他们单纯喜欢上学且成绩优异,虽然频繁更改计划,但总会经过深思熟虑。我并不觉得这算迷失方向,但对那些担心子女在学校待得太久、花钱太多的家长来说,这种情况仍然令人抓狂。

我们来看看埃米的例子。用 4 年时间获得心理学学士学位后,她完成了为期两年的心理咨询硕士课程,然后又开始考虑攻读临床心理学博士学位。在完成了 4 年的课程和博士论文之后,她又完成了拿到执照所需的临床实习。在一所大学医学院实习的那一年,她与许多医学院的学生成了朋友,发现自己真正感兴趣的是医学事业,并考虑专攻神经学。但是,医学院的申请人需要修完一门特殊的学士后课程,这门课是专为没有上过必修科学课程的本科生设计的。

埃米向来成绩优异,从没有遇到过不喜欢的课程,她报了日课、夜课、连暑期课程也没有落下,用一年的时间顺利完成了这门预备课程。最终,她进入了一所优秀的医学院,在那里,她发现自己可以申请一门医学和法律双学位的 6 年课程。神经科学和法律的结合听起来很有趣，埃米无法抗拒。她知道，完成该课程的医学和法律课业后，她仍需要完成3年的住院医师实习，然后才能进行神经学专科住院医师的培训[1]，但她仍然不畏险阻。总体算下来，埃米一共花了20年的时间才完成培训。开始挣钱的时候，她已经年近40，且不得不把工资中的很大一部分拿来偿还学生贷款。但她仍为自己的成就感到振奋，也很享受过程中的每一分钟。最终，她成为一所法学院的教员，负责教授法律和神经科学课程。

对于亚当或埃米这样的子女，不同家长的看法也各不相同。以亚当的例子，家长应该意识到，他的犹豫不决可能反映了抑郁或焦虑这些潜在的心理问题。如果他对学业的犹豫不决涉及范围更广的生活难题，比如难以积极而准确地审视自己以及对未来进行规划，那么，他可能出现了一些心理学家所谓的"同一性扩散"[2]问题。这一术语表示难以建立统一的自我意识，一些专家认为，这与脱离家长而步入独立所带来的迷茫感有关。

在大学里转换一两次专业非常常见，但事不过三，如果你

---

[1] 在美国医学教育系统中，毕业后的医学教育内容一般包括实习、住院医师，以及专科住院医师培训研究计划等。——译者注

[2] 也称"同一性混乱"，美国心理学家爱利克·埃里克森（Erik H Erikson）提出的术语，通常指年轻人因为尚未形成稳固的身份抑或自我身份出现危机，难以自我定位和承担生活责任。——译者注

的子女多次想转换专业,那就鼓励他们与学生辅导中心的教职员谈谈。除此之外,我也会鼓励那些经常冲动更换专业和职业规划的人,在再次换专业之前考虑是否休息一年,做些比上学更有成效的事情。比如,他们可以利用离开大学的时间思考想要学习的课程和参与的职业,而不必同时兼顾学业。

除了经济上的问题,我们几乎没有什么理由为埃米这样的年轻人操心,继续接受教育的决定合乎逻辑,反映了她对人生的规划。她是一个雄心勃勃的年轻女性,热爱学习新鲜事物,这没有什么不好的。

如果你的子女和埃米类似,你应该时不时地看看他们过得怎样,确保他们的身心健康。也许,他们处理学业得心应手,并不觉得不堪重负或有什么遗憾。对于推迟就业、额外接受几年培训的决定,如果子女本人感到满意,即便由此背负了额度可观的学生贷款,家长也不必感到焦虑。20年的在校教育和培训虽然看似漫长,但是,当事人仍可以在40岁开启自己的职业生涯,在退休前用40年的时间投入热爱的领域。

对择业举棋不定

一些家长告诉我,他们的子女还没有"找到自己",这通常意味着他们还没有确定自己的职业方向。确定生活目标与培养身份认同感紧密相关,也就是对自己的价值观和目标、自身的优势和劣势比青少年时期有更深入的认知。现代社会，职业是自我定位最常见的标准。正因为如此，家长才会担心已经年近30却仍然不知道自己想做什么的子女，因为这无异于表明他们对自己一无所知。

随着职场的变化，选择职业的过程也随之改变。如今，职业的选择越来越多，其特性和有效性也瞬息万变。有的人已经决定了未来的职业并完成了必要的培训，却发现想要的那份工作要么已经不复存在，要么发生了剧变或是几乎形同虚设了。

工作性质的千变万化，让我们更难判断年轻人是否在职业发展的道路上迷失了方向。如今的人们要花更长时间确定方向，一是因为选择太多，二是因为这些选择往往转瞬即逝。

这就好比在几代人之前，我们买牛奶时只能选择全脂、低脂或脱脂牛奶；但时至今日，可供选择的产品琳琅满目，燕麦奶、豆奶、椰奶、杏仁奶、非转基因牛奶，不一而足。如今，在商店的乳品区转一圈便足以让人眼花缭乱，找工作也同样如此。

从很大程度上来说，选择职业便是缩小选择范围，在这个过程中的任何阶段，都可能让人迷失方向。你需要了解子女现在正处于哪个阶段，从而决策是否以及如何最有效地提供帮助。

第一阶段是弄清自己想要从工作中收获什么。根据职业发展专家的说法,一份工作可以提供 7 种基本回报:收入、权威、创造力、利他、稳定、社交和休闲。想要帮助那些无法择业的年轻人的一个办法,就是询问对方最看重哪些回报。(如果对方的回答是"都重要",那就只能"自求多福"了!)这是一个很好的切入点,因为回答这个问题并不需要对具体的职业有太多了解。子女 20 多岁的时候,应该对自己希望从工作中得到的回报有大致的判断。如果难以确定自己想要得到的回报,可以通过名为"职业兴趣量表"的各种测试进行判断,这种测试通常包括几十个问题,通过分析答案帮助答题者确定优先级。你可以在网上找到大量的此类调查问卷。

第二阶段是确定满足个人最看重的价值观的领域。例如,有许多不同的领域都能提供利他(帮助他人)的机会,包括教学、医学、咨询、社会工作和慈善事业。同样,许多领域则为创造力留出了空间,包括视觉艺术、表演艺术、写作、工程和建筑。在大学临近毕业的一年中,很多人都会对如何找到一份满意的工作有了粗略的想法,这通常是受他们喜欢且擅长的课程的启发。如果你的子女在此阶段遇到了困难,可以让他们考虑一下自己喜欢的课程,并让他们解释喜欢这些课程的原因。另外,大学也会提供职业咨询,子女可以预约与受过专业培训的人进行面谈,这些人能够帮助在择业上遇到困难的学生。

第三阶段则是将选择范围缩小到某领域内的数个具体职业。这通常需要外行不具备的专业知识，因此家长能提供多少帮助，要取决于自身的专业知识和经验。你的子女或许想进入法律、工程或银行领域，但尚不清楚该领域有什么子专业。如果你自己的工作与子女感兴趣的领域无关，你的了解就不会比他们深刻太多。如果子女在这一阶段迷失了方向，那就鼓励他们阅读网上随处可见的大学课程目录，即便他们不想继续进修，阅读目录或许会有所帮助。浏览大学提供的课程，有助于让子女对该学科包含的子专业有所了解。

正如我们已经看到的，当前职场最大的变化之一，便是入门级工作对于教育培训要求的提高。30年前高中毕业生就能找到的许多工作，如今或许需要一些本科经历，甚至本科学历才能找到。过去需要本科学历的工作，如今则可能要求本科以上的学历。计算机编程训练营等培训项目，能让学员学到未能在大学里获取的具体技能，如果你的子女确信自己感兴趣的工作需要相关知识，那么这些培训项目便是非常有用且值得投资的。但是，除了偶尔提供一些奖学金、贷款或分期付款的选项，这些培训项目很少提供经济援助。

有些人认为，在当今的职场中，学士学位之外的任何相关培训都会给求职者带来优势。如今，人们被迫接受的额外教育中，有一部分对于特定职业的成功的确重要，有利于就业前景；有一部分能够彰显申请人的品质和毅力，可能影响到招聘决策；除此之外，还有一部分只是"膨胀"带来的结果，即反映了就业要求的上涨趋势（就像大学成绩的膨胀[①]一样）。你或许有理由对这些膨胀表达不满，但也不要完全视而不见。作为获得一份好工作的相应代价，你的子女或许真的需要在大学毕业后花时间接受进一步的教育或培训。

不那么具有专业性的"培训机构"或一次性课程，会安排学员通过几堂课的时间获得所谓"沉浸式"的体验，并参与知名专业人士的客座演讲，从而接触到某个行业的诀窍。你的子女也许想敲开行业大门，但这种机构或课程往往花费不菲，或许并不值得投资。这些课程的确能够提供信息，但对申请人的资历没有太大帮助，也不太可能给招聘人员留下太深的印象。

如果你的子女心中已经认定了某个具体的职位，无奈找不到合适的工作或面试机会，抑或拿不到录用通知，那就建议子女尝试做无薪实习生，你也可以在他们继续寻找工作的同时暂时提供一些经济上的帮助。相比花钱报名"培训机构"，实习或许是一项更好的选择，帮助他们获得相关技能、了解行业内部的机制、搭建可能带来带薪职位的人际网络。子女所在的学校或许设有学生就业服务办公室帮助他们寻找

[①] 指大学成绩呈现持续普遍的上涨趋势，越来越多的人可以拿到"优秀"，而同样分数的价值也随之下降。——译者注

实习机会，许多办公室都会向校友和在校生提供此类服务。

虽然实习并不一定能带来全职工作，却有可能为申请人提供天时地利的机会，不久前刚毕业的文科生威廉对此深有同感。

在美国杜兰大学就读大二的时候，威廉决定主修英语，希望有一天能进入出版业。毕业后，威廉搬到了全美所有重要出版公司聚集的纽约，着手寻找工作。他很快发现，在英语专业的应届毕业生中，出版是一个非常受欢迎的领域，入门级工作的门槛很高。

威廉想起大学室友的母亲在出版行业就职，他通过室友得到了联系方式，向其寻求建议。对方提议让威廉到办公室见见面，在会面期间，她直言自己的部门可能没有任何空缺，并询问威廉是否愿意在等待期间做一名无薪实习生。她打了几通电话，发现销售部门的一位同事很乐意与威廉探讨实习事宜。

大多数对出版业感兴趣的英语专业毕业生都渴望成为编辑，因此，虽然销售并不是威廉感兴趣的领域，但能够踏进出版业，他还是感觉很开心。白天，他负责制作电子表格，跟踪出版公司在售书目的订单情况。到了晚上，他会向各家出版社发信咨询，并在网站上搜索空缺职位。

进入你想要的工作环境之中实习，这是相比于参加培训机构的益处之一。一天早上，威廉从大厅上楼去自己的办公

第七章 迷失与坦途

隔间，与电梯里的另一位女士攀谈起来。她做完自我介绍后，问威廉是做什么工作的。

"我在销售部门实习，"威廉解释道，"但我希望有朝一日能从事编辑工作。"

"你知道吗，"那位女士说，"我们团队的一位编辑好像在找一位编辑助理。你应该申请试试。"编辑助理虽然只是成为编辑的第一步，但这是大多数对编辑感兴趣的年轻人的第一步。那位女士把名片递给威廉，让他写一封电子邮件，这样才能把那位编辑的联系方式转发给他。出电梯时，威廉向女士道谢，并承诺会继续跟进。电梯门一关，他便马上读起那位女士的名片。原来，她竟是这家出版社的一位副总裁。

威廉回到办公桌前，立即发了一封电子邮件，再次感谢副总裁提供的信息。那天晚些时候，对方回了信，在信中告知了那位编辑的姓名，并确认他的确有意雇用一名助理。威廉给那位编辑写信，复述了他在电梯里的谈话，表达了他对这份工作的兴趣，并附上一份简历。

当天晚上，威廉收到了编辑的电子邮件，问他第二天早上是否可以来接受面试。"我向来很希望见到杜兰大学的校友！"他在邮件中写道："尤其是那些反应迅速的人，这一点对于出版业意义重大。"他没有告诉威廉，自己的助理两天前辞职跳槽去了另一家出版社，而他需要尽快找到接替的人。

那天晚上,威廉几乎一夜没有合眼,而是在网上搜索那位编辑经手的书目。他阅读了其中许多书籍的内容摘要,在与编辑会面时对其经手的书目如数家珍,给对方留下了深刻的印象。那位编辑又面试了几位申请人后,决定把这份工作交给威廉。刚开始的时候,威廉负责处理文书工作,比如管理编辑的日程表和回复日常电子邮件等。与此同时,他也参加了许多会议,得以从内部了解行业的诸多知识。一年之后,他得到了一小笔加薪,升至助理编辑,进入了编辑生涯的下一个阶段。他初尝到与作家打交道的滋味(苦甜参半),另外,他也为当初愿意成为实习生的决定而深感欣慰。

*

当今,人们需要花更长的时间才能适应一份职业,但适应并不等于迷失方向。带着目标和计划积累额外的培训,与在不相关的工作或培训项目之间随意切换大相径庭。前者对当今的劳动者具有实际意义;后者不是规划,而是一种迷失。从事一份与理想职业无关的工作,比如当餐厅或酒吧服务员,一边谋生一边思考自己的职业规划,只要打工之余有足够的时间思考,那么这种做法就是可取的。

家长或许能在理论上理解这一切,但眼看子女在大学毕业后不断接受各种培训,或是从事一系列没有前途的工作,心中也会嘀咕这种日子"什么时候是个头"。除非子女感兴

第七章 迷失与坦途

趣的领域恰好是你的工作领域，或是你有条件给子女介绍了解内幕的朋友、亲戚或同事，否则，你或许无法预测进入某个领域需要多少时间。从很大程度上来说，这取决于具体行业当前的招聘状况。众所周知，在诸如表演等领域中，寻找第一份工作需要花费大量的时间，且工作非常不稳定。但对于计算机工程等其他职业，合格的申请人可能很快就会得到工作机会。

如果子女在快到 30 岁或 30 多岁时考虑更换职业，有的人更是已经有过一两次先例，这也会引得家长担心。在得出结论之前，请切记职业发展的典型模式在最近几代人中发生了很大的变化。在旧的职业模式中，一个人的第一份工作往往决定了一生的道路，而如今，新的模式已经取代了旧的模式，一个人在一生中多次更换工作或职业已经成为一种常态。

人们会出于各种各样的原因更换工作，其中有些原因是明智的，有些则不然。如果你的子女想要更换工作，并且已经考虑清楚、做好功课、经济上有所保障、有靠谱的机会可以探索，那么你应该支持他们的决定。或许，你的子女正在考虑一直想涉足，但尚未准备好迎接的领域，而当前的经济条件也足以支持他们回到学校接受再培训。这种情况或许比你想象的更为普遍。当今，美国本科生中有超过 1/4 的人年龄超过 25 岁，35 岁以上的美国大学生占比则有 1/10，这些数字中尚不包括在研究生院和专业学院就读的年龄更大的学生。

养育是一生的课题

与前一代人相比，当今人类的预期寿命要长很多（尽管新冠疫情导致了预期寿命的暂时下降），因此，即便体验多种职业，也是完全合理的。有些子女已经年近40，一直很享受自己的职业，但想要迎接全新的挑战；有些人在刚刚展开职业生涯时只是把现在的工作当成中途站点，在搞清楚自己想做什么之前聊以填补空闲时间；还有一些人已工作多年，但却在一番冥思苦想之后，意识到当前的工作无法给自己带来快乐。如果你的子女因工作而感到烦躁、紧张或沮丧，且这种情况已经持续了一段时间，那么或许是时候重新开始了。这种情况不仅会影响他们的心理健康，随之而来的糟糕情绪还可能给伴侣或孩子带来负面影响。

一些正在考虑更换工作的子女，或许不想跟父母讨论这个问题。如果你对子女提出的试探性决策有任何消极观点，都应该选择保留，除非子女在尚未找到新工作的时候便考虑辞职，或是经济状态不稳定，抑或性格容易冲动。在这种情况下，你可以态度和缓地询问子女没有工资能支撑多久。你或许会因此而放不下心，但是，子女说不定有一笔专为应对这种情况而储蓄的应急基金。如果你觉得子女的决定过于冲动，那就可以问问他们，是否考虑过辞职会让他们失去哪些福利，很多人都会出于福利考虑而继续选择坚守在不尽如人意的岗位上。因为冲动而辞职，可能会对子女的健康保险产生负面影响。

第七章　迷失与坦途

当然，如果你认为子女的决定是经过深思熟虑的，便可以提出一些问题来表明你的关注。如果子女不问，你也不要给出意见。如果角色对调，你或许不会像子女一样做出更换工作的决定，但你的决定不一定是正确的。无论你同意与否，这都是你的子女的决定。对于这样的情况，最好的做法仍是遵循我之前说过的原则：**在必须表达的时候发表观点，但如果子女没有主动要求，还是缄口不言为好。**

辞掉一份让你痛苦的工作，总比在令你厌恶的职业上耗费一生要好得多。这种情况在前几代人之中非常普遍，因为转换职业非常困难，还会惹人白眼。好在，这种污名化已经成为过去式，对于许多人要一直干到70多岁才能退休的今天，更是一件好事。如果在70多岁前一直要把人生耗费在令你厌恶的工作中，这种折磨也未免太漫长了。

有些子女虽然职业发展顺利，但感情生活却让父母放不下心，甚至根本没有感情生活。就像对待子女的职业生涯一样，在审视感情生活的发展进程时，父母也务必要考虑到导致成年人进程今非昔比的社会变化。

长年单身

梅拉妮的丈夫在50岁出头时突发心脏病去世，此后大约6年时间，她一直断断续续地深受失眠的折磨。当时，她的医生向她保证,刚刚丧偶的人出现睡眠问题非常常见,并给她开了一种温和的镇静剂,让她每晚睡前服用。

这种药的确有助于入眠,但在服药 3 年期间,她听到了许多患者对处方药成瘾的新闻报道,于是逐渐戒掉了药。之后,她无须吃药也能正常入睡了。但在大约两年之后,她的失眠复发,不过这次复发与丈夫的去世无关,而是因为她总在为女儿操心。女儿劳里今年 33 岁,和她大学的大多数同学不同,她没有订婚、没有结婚、没有同居对象,似乎也没人追求。

一想到女儿可能要孤独终老,梅拉妮就难忍心痛。她享受了将近 25 年的幸福婚姻,深知孤身一人的生活有多么孤独。另外,出于自己的考虑,她也希望劳里能够结婚成家,让她用孙子孙女聊以填补查理去世在心中留下的空缺。

当梅拉妮每晚辗转反侧,盘算着是否应该打电话让医生再给她开些安眠药时,便会在脑中一项项列举劳里的优点:她漂亮、聪明、事业有成且风趣,经常被朋友称为聚会上活跃气氛的核心人物。梅拉妮心想,女儿只是对约会对象太吹毛求疵了。

每当梅拉妮问到女儿"夜生活"怎么过时(女儿知道,这种不算隐晦的问法,其实是在刺探她有没有遇到感兴趣的对象),女儿便会解释说,她的朋友不少,但还没碰到合适的人选。但梅拉妮会劝慰自己,西雅图毕竟是个大城市,肯

第七章 迷失与坦途

定会有与女儿两情相悦、愿意认真展开一段恋情的人选。

许多年近 40 且尚未结婚的子女的家长，都会出现类似的担忧。如果你也有此烦恼，了解一下当今美国人的婚姻现状，或许会减轻你的顾虑。

*

与向成年过渡的方方面面类似，人们初次步入婚姻的年龄也在逐渐变大。2021 年，美国女性初婚的平均年龄为 28 岁，男性则在 30 岁左右。上一代人，也就是 1991 年，美国女性初婚的平均年龄是 24 岁，而男性则是 26 岁。再往前推一代人，1961 年，男女初婚年龄分别是 20 岁和 23 岁。在进入成年的诸多因素之中，初婚是延后幅度最大的一个。在过去的半个世纪里，社会各个阶层都出现了初婚年龄显著推后的现象。

社会阶层或许不会对人们的结婚**年龄**造成影响，但对人们**是否**结婚却意义重大。

尽管美国的结婚率总体上一直处于下降状态，但下降的程度因社会阶层而迥异。在过去，不分阶层，绝大多数人都拥有婚姻，20 世纪 70 年代就是如此。尽管如此，结婚仍是大多数人的选择。根据最近的评估，在美国收入分配中占比前 40%（即家庭年收入超过 10 万美元）的人士中，已婚人士约占 80%，与 **40 年前**相比基本持平。

关于美国婚姻消亡的夸大报道没有提到，15% 的 25 ~

34岁的未婚人士与伴侣同住，其中2/3的人表示，一旦有了经济基础就计划结婚。除此之外，这些报道也没有提及60%的人从未结婚，但表示希望有一天能步入婚姻殿堂的人。当然，希望再婚的离婚人士也不在少数。婚姻并没有消失，但不可否认的是，结婚的节点正在被不断推后。

然而，同居已经成为许多收入低于中位数的家庭的一种长期生活方式，这也是造成这些人群结婚率如此之低的一个原因。从另一方面来说，对许多较为富裕的夫妇来说，同居只是结婚前的一种暂时状态。在当今的美国，超过75%的人都会在初婚前同居一段时间。如果你的子女和伴侣住在一起，但没有合法结婚，你不应为他们的幸福感到担心。在美国社会，同居已经成了一种愈发被人接受的现象。顺便提一句，没有任何证据表明婚前同居的经历会对离婚率造成任何影响。许多人认为同居是一种尝试，有助于避免同居之后的离婚，但事实并非如此。

同样，用你遵循的年龄时间表来评判子女关于婚姻的进展，是失之偏颇的。除了没有受到法律认证，年轻情侣的同居与婚姻无异，如果把这段时间也计算进去，那么当今的恋爱时间表与你年轻时并没有什么不同。

当今，在25～29岁的女性中，有超过一多半的女性从未结过婚，在同年龄段的男性中，这个数字则超过了2/3。在30～34岁的人群中，大约有1/3的女性和超过2/5的男性

第七章 迷失与坦途

从未结过婚。即使在35～39岁的人群中，也有超过1/5的女性和超过1/4的男性从未结过婚。然而，这些数字中并不包括同居的未婚伴侣，因此，单身青年的比例是被高估的。

如果子女年过30岁，甚至快要步入40岁却仍然单身，而你满心希望他们有一天会步入婚姻殿堂，那么我觉得你完全无须担惊受怕。在所有未婚人士中，近1/3的人都会在快到40岁时结婚，近一半的人会在快到50岁时结婚。

一些家长尤其担心，如果子女在快40岁的时候还没有结婚，自己此生就没有机会抱孙子孙女了。从统计学上来讲，相比于家有儿子的家长，家有女儿的家长可能更需要为这个问题操心。女性在35岁以后，生育能力会大幅下降，40岁以后更甚，即便是那些尝试通过体外受精怀孕的女性也难逃这个规律。例如，35岁以下的女性体外受精的成功率约为50%，而42岁及以上女性的成功率还不到5%。但不要忘记，40多岁女性的体外受精成功率在不断提高，当前，医生可以根据诸多激素指标来评估一对夫妻体外受精的成功率，并在两人开始尝试怀孕之前测量这些指标。男性的生育能力也会随着年龄的增长而下降，但与女性不同，男性生育能力的大幅下降发生在40岁左右。40岁以后，男性生育能力的下降也会影响夫妻体外受精的成功率，这一点与女性的情况类似。

养育是一生的课题

*

如果你因为成年子女单身而烦恼，最需要考虑的因素是**子女的**心理状态，而不是你自己的感受。有些人对于单身安之若素，倾向单身生活的人也越来越多，因此，不要因为你对子女的状况不满意，就认为他们也不满意。

无论你是否能成为祖父祖母，都应遵循这种心态。你可以幻想抱孙子，但不要把你的希望和子女的意愿混为一谈。此外，许多在20多岁宣称不想要孩子的单身人士，后来都改变了主意，而没有结婚就生孩子或领养孩子的人也越来越多。

无论你的子女正在恋爱还是尚且单身，这个提醒都同样适用。结婚并不意味着结婚双方有意愿为人父母。最近的调查显示，在40岁以下没有孩子的成年人中，超过1/3的人计划不要孩子，其中一半以上的人表示，单纯只是因为他们不想生孩子（其余的人表示，他们有其他优先选项、经济负担或健康问题）。如果你的兄弟姐妹家中有孩子，你可以尝试积极参与到这些孩子的生活中，或是多加照顾朋友家的孩子，满足你对孙子孙女的一些渴望。与家长或祖父母之外的成年人交流，往往有利于孩子的成长，尤其是在青春期，这是因为一些处于青春期的孩子更喜欢与家庭成员之外的成年人为伴。

如果你的单身子女向你倾诉他们不喜欢单身的状态，你应该表示理解，但要把失望或担忧藏在心里。我觉得，当今

第七章 迷失与坦途

单纯为了取悦家长而结婚的年轻人并不多，为了**你的个人利益**强迫子女进入恋爱关系，这是非常不明智的。如果你觉得子女在感情上迷失了方向，比如总是身陷高开低走、戛然而止的短暂恋情，且你们之间可以开诚布公地探讨感情生活，那就不妨问问他们对于眼下这种情况的看法。如果子女对单身的状况感到困惑、不安或沮丧，你可以建议子女和治疗师谈谈。根据我的经验，心理治疗往往能起到显著的效果，帮助人们理解和纠正挑选潜在伴侣和交往过程中常犯的错误。

如果你知道某个可能适合子女的恋爱对象，不妨把信息透露给子女，但要注意，你的判断要以子女喜欢的类型为基础，而不是你希望子女喜欢的类型，或者单纯只是因为你觉得子女婚后一定会过得更好，错误地认为和**任何人**在一起都要好过单身一人。在过去，人们会出于各种与爱情无关的原因结婚，但这种情况对于今天的美国人来说已经不再适用。在当今的美国，有90%的已婚人士表示，恋爱是他们与伴侣结婚的主要原因。只有大约1/3的人表示婚姻的主要原因是为了养育下一代，而提及经济因素或生活便利的人，仅占10%。

在寻找另一半的问题上，尽量不要跟子女提任何意见，因为子女比你懂得多。当今的恋爱，已经和你单身未嫁时大不相同了。

搬回家住的成年子女

最后一种让家长担心子女迷失方向的情况，便是成年子女搬回家与家长同住。许多家长都为这个问题操碎了心，一部分原因在于这种情况在家长这代人年轻时很少出现，另一部分原因在于，与子女同住，意味着家长不得不近距离观察子女的生活。如果家长不与子女在同一屋檐下生活，便更容易对子女的教育、职业、感情发展和心理健康一无所知。而当成年子女搬回家住的时候，亲近便可能引发焦虑。

还在上大学的子女会趁短假搬回家住一两周，或是暑假回家住几个月，与此不同，成年子女搬回家长住的情况会带来截然不同的问题。趁大学假期回家暂住，或许会给家庭关系带来压力，但由于大学假期有时限性，因此双方更容易将任何分歧视为暂时的问题，从而更有耐心去容忍。

在这里，我探讨的是子女无限期地搬回家长住，常见的原因是他们无法负担其他地方的居住费用。在过去的几十年里，这种搬回家住的现象发生的频率越来越高。与20世纪初以来的任何时候相比，与家长同住的现象从未像当今这样普遍。在美国，这是18~29岁之间的年轻人最为常见的生活方式。

第七章 迷失与坦途

截至 2020 年,超过一半的 18~29 岁的美国年轻人都与家长中的一方或双方生活在一起,甚至超过了美国经济大萧条时期的峰值。这个数字在 1960 年为 30%,当今却一路上升至略高于 50%。因此,如果子女需要搬回家住,这种状况并不特殊,也并不代表你的子女是需要你担心的特例。

最近一段时间,与家长中的一方或双方同住的年轻人的比例有所上升,这或许可以归结为疫情,但是,这种趋势很久以前就已存在。从 2005 年起,一直到 2020 年初,与家长中的一方或双方同住的年轻人的比例便已显现急剧的上升,这或许是经济大衰退对年轻人造成的巨大影响所致。这一趋势已发展成为一种普遍的现象:与家长同住的情况在男性和女性中都变得越来越普遍,无论都市还是农村,在美国各地都是如此。

自 2020 年以来,在所有年轻人中,与家人同住比例增幅最大的是 25 岁以下的人群,因为这个年龄段的人群最有可能遭遇失业或减薪。为了在经济上维持生存,搬回家与家长同住成了一种必要的措施,但这种现象绝不仅限于这个年龄段。2020 年初,在 25~29 岁的人群中,与家长中的一方或双方同住的人占到了 1/4,且这一数字在过去几年里一直居高不下。

*

从大学回家短住与搬回家和家长的一方或双方同住,二者的心境截然不同。前者给子女提供了一个机会，向家长展示自己已经长大成人。他们在大学里尝到了独立的滋味，也很享受这种感觉。正如我们所看到的，在子女回家短住时产生的大多数分歧在于，子女认为自己已经长大成人，却没有受到应有的对待。

搬回家与家长长住，可能会让子女产生截然相反的感觉。原本独居的人被迫搬回家住，会觉得自己不像一个完全独立的成年人。从大学回家暂住的感觉就像是度假，但搬回家长住却往往像是危险将至的前兆。

无论具体原因是否超出子女的控制范围，比如公司倒闭或被迫裁员，搬回家住都是一种倒退。这种看法虽然可能失之偏颇，但往往是不可避免的。此外，搬回家住的时限往往无法确定。与休学不同，搬回家长住的时间并不会随着大学规定的日期结束。当子女重新回到自力更生的状态，也就是能够负担得起自己的食宿费用时，搬回家住的情况才会告一段落。没有人能预期这个时机要等到何时才能出现，而这种不确定性会给所有人造成诸多焦虑，因为谁也不希望这种状况拖延得太久，但也不想时机未到就提前终止。在这种充满不确定的情况下，很少有人能够安之若素。

在美国的社会文化中，搬回家与家长同住所造成的心理影响更加沉重，因为在美国，子女与家长同住并不是一种常态，美国人习惯将独立作为成年的衡量标准。然而在许多其

第七章　迷失与坦途

他国家，能够怡然自得地相互依赖，才被视为成熟的真正标志。在意大利等一些欧洲国家，年轻人与家长同住到结婚，甚至直到迫于经济状况或家人期望才搬走，都是非常普遍的情况。没有一个意大利人会因为某个年轻人在大学毕业后住在家里而恶语相加，我们也不应该这样。

搬回家住并不意味着你的子女遭遇了失败，也不意味着作为家长的你教育无方。但你应当小心，不要通过言论和行为让子女感觉自己没有达到社会要求的标准。家长应该把搬回家住的成年子女当成有能力和才干的成年人对待，想要做到这一点，你需要让子女作为羽翼丰满的成年人重新融入家庭，而不要将搬回家住视为某种退步，或是某种有可能永远持续的状态。不妨参考以下 3 种方法。

首先，也是最重要的一种方法，就是开诚布公地交流你们对彼此的预期。子女上大学后回家暂住时探讨过的条条框框，等他们再大一点儿后就不该再次提及。事实上，探讨这些话题只会让子女感觉自己不够成熟，仿佛又回到了高中时与家长同住的时光。

你可以尝试这个视角：如果你 35 岁的妹妹遇到了困难，需要和你住一段时间，你不会和她谈论晚上必须什么时候回家、务必保持卧室整洁或是向你汇报行踪。同样，你也没有必要和搬回家住的成年子女讨论这些问题。尤其要注意，不要再次陷入子女上次回家暂住时的关系模式，那时的他们可能还只是个十几岁的青少年。在那之后的岁月里，你或许没有什么变化，但子女肯定成长了许多。

其次，子女一定要对家庭有所贡献，这种贡献不一定是经济上的（特别是对于那些因为手头紧而搬回家的子女），而是通过参与日常的家务。他们应该帮你做饭、打扫卫生、购物、洗衣、铲雪等，或是参与房屋维修或翻新等更繁重的任务中，要么他们自己来做，要么和你一起做。

不要让子女只管照顾好自己，而把其他事情都留给你做，比如只让他们负责清洗自己的衣服，却对其他家人的衣服不管不顾；或是在冰箱里专门给他们腾出专属区域；抑或只让他们负责打扫自己的卧室，却不用负责厨房或家庭娱乐室这样的公共空间。你的子女不是住民宿的旅客，你不必把他们当成客人对待。

有些家长会希望搬回家住的子女支付一些食宿费用，但如果你的最终目标是帮助子女在经济上重新自立，这么做便是适得其反，只会拖长子女和你同住的时间。如果子女有工作，那就应该把收入存起来，直到能够再次养活自己。如果子女存不住工资，那就和他们一起制订一个计划，让他们把一些钱存入储蓄账户作为支付部分房租的经费，直到搬出去为止。他们可以用这笔积蓄重整旗鼓，而不是一味向你求助。

最后，双方应该就子女在家的日常安排明确达成共识。

如果子女还在上学，那么与自己独居一样，他们也需要上课、做作业、为考试做准备，因此需要一个安静的地方完成功课。分开住时你无须监督子女的课业，同住时更没有这个必要。如果子女有工作，他们的生活应该与自己独居的时候别无二致，你不应该监控他们的日常活动，比如何时去上班，或者晚上和周末有没有在家加班。

如果子女需要找工作，那就应该积极行动起来。这可以包括报名参加提高就业竞争力的课程、在网上搜索招聘广告和发布简历、联系能够提供帮助的熟人，以及参加各种工作面试。如果子女想做一份与职业无关的工作赚点儿外快，只要他们能把收入存起来，同时采取能帮助他们在感兴趣的领域找到工作的行动，这条路就是可取的。

如果子女拒绝遵守你们商定好的规则，这种情况确实很棘手。违反规则的方式有两种，每种处理方法也有所不同。第一种是子女拒绝或忘记分担家务；第二种涉及积累搬出去独立居住所需的资源（前提是让子女搬出去住是你们的目标），比如找工作、获取更高的学位，或者为支付独立居住的费用而积攒足够的资金。

关于第一种，我已经告诫过大家，不要重回子女只有十几岁、尚未离家上大学时的那种关系。这样做不仅会影响到你的心理健康（为没做完的家务、错过的预约或是咖啡桌上的空薯片包装等琐事争吵，和10年前一样让人头疼，甚至有过之而无不及），也会影响到子女的心理健康（因为无论年龄多大，听家长唠叨都不是件愉快的事）。即便成年子女的处事方法不够成熟，你也不能把他们当成青少年那样对待。

遇到这种情况，不妨坐下来，与子女一起协作解决问题。这个方法指的是双方在一起探讨问题，集思广益，制订一个临时的解决方案，并在一段时间（比如几周）后评估解决方案是否有效。把放在子女卧室壁橱里的洗衣篮拿出来摆在角落，这样一来，看到洗衣篮装满的时候，他们就会主动处理。把购物清单贴在冰箱门上，某样东西用完的时候，他们就会记得写在清单上。天气预报明天下大雪时，在前一天晚上把雪铲放在大门口，可以提醒子女在早晨离家之前清理车道。关键在于确保每个人都得为解决方案出力，共同思考如何调整解决方案，使之变得更加有效。

如果子女仍对雪铲视而不见，而是径直走出门外，那就把雪铲挡在门前，让子女必须把雪铲捡起来才能开门。如果这些招数都不起作用，那就认真地探讨一下，表明如果一直这样下去，他们就必须在一定期限内另找住处。你或许觉得借钱让子女搬出去住会给自己造成负担，但对双方而言，这都比争执不断轻松。如果你没有能力给子女补贴资金，也可以帮助他们寻找工作。如果子女因为心理健康或成瘾问题而无法搬出去，那就协助他们获得相应的治疗。

第七章　迷失与坦途

　　如果想要确保子女正在采取有助于帮助其自身重返职场或重建家庭的行动，那就务必要兼顾谨慎和耐心。你需要监督他们的行动，但不要总是唠唠叨叨。你可以偶尔询问子女的求职进展得如何，但你不应该每周多次询问。在就业市场紧张时，想找到一份好工作需要时间。你可以提出是否有什么你可以帮忙的地方，但要敏锐体察对方的反应。"不用了，谢谢你"可能意味着"我自己搞得定"，但也可能意味着"不要多管闲事"。如果你认为这句话的意思是前者，你可以回答："那太好了，但如果你需要人帮忙，我非常乐意。"如果你认为这句话的意思是后者，你需要弄清子女是采取了适当的行动但没有取得任何成效（如果真是这样，对方可能会因为徒劳无功而感到沮丧或尴尬），还是没有付出足够的努力。如果是前面那种情况，那就表示同情，并告诉对方："没错，这不关我的事，但这并不意味着我连事情进展如何都不能问。我的关心只是出于礼貌，也希望同样得到你礼貌的对待。"如果是后面那种情况，你可以说："刚刚搬回家的时候，你说会利用所有空闲时间来找工作。如果现在没有任何好的选项，在就业形势好转之前，我们可以帮你找些事做。"如果子女拒绝听从意见，那就一起制订一个时间表，规定好搬出去的时间。

　　在上文，我概述了如何应对子女搬回家住所引发的种种问题，但实际上遇到这些问题的概率并不大。在全美范围的调查中，大多数搬回家的年轻人都表示与家长相处得很融洽。新冠疫情防控期间，我通过云视频远程教授了几次大四毕业生的研讨课，课上许多20岁出头的学生都被迫搬回家，在孩童时的卧室里或厨房餐桌前上课。他们中的大多数人都希望重新回到独立生活的状态，但几乎所有人都表示，与家长同住巩固了双方的关系，有助于对家长产生更加全面的认识，也让他们更加感激家长为自己所做的一切。

*

判断子女是否迷失方向并不容易，这是因为，成功步入和度过成年所要跨越的诸多障碍都在他们的控制之外，比如某些课程报名人数过多导致他们无法在4年内按时获得学位、难寻理想的恋爱对象、就业市场竞争异常激烈，或是高得离谱的房价。如果你的子女正在采取看似合理的行动却无法取得成效，不要忘记，当前的形势与你与他们同龄时相比已经时过境迁。当代年轻人需要更长的时间才能完成学业、建立事业、组建家庭和获得经济上的独立。正如我在上文所讲的，"我在你这个年纪的时候"并不是审视子女境况的正确视角。与上一代人相比，在当今社会，步入成年所需的时间要更长，也需要家长给予更多的同情和耐心。

第八章
如何做好祖父母

第八章　如何做好祖父母

如何帮助新手父母

为人祖父母能让你享受养育子女的乐趣，又无须承担为人父母充满挑战、往往让人筋疲力尽的责任。这为你节省了时间和精力，让你能够与孙子孙女建立一种以玩乐为主的关系。如果你尚未成为祖父母或是刚刚步入角色，那就不妨这样处理这段崭新的关系。把管教训导的任务留给子女和其伴侣，你只需负责好好疼爱孙辈，享受在一起的时光。

做一位称职的祖父母，对于你的孙辈、子女和你个人的幸福都很重要。与祖父母关系密切的孙子孙女，会在心理健康方面受益良多。与父母之外的人建立的每一种额外的联结，都会给婴儿带来更多情绪上的安全感。与祖父母建立联结，会对孙辈的认知、社交和情绪发展带来超越父母关系的积极影响。

在孙辈的成长过程中，祖父母往往会做许多与父母同样的事情，却加入了他们独有的风格和趣味。与孙辈一起阅读和玩耍时，请选择不同于父母挑选的书籍、玩具和活动，以便拓宽和丰富孙辈的体验。花点时间思考自己能给孙辈的生活带来哪些积极愉快的体验，拓宽家长所给予的东西，而不是模仿重复。

祖父母和孙辈之间的紧密联系对双方都有益处，与孙辈的密切联系会让你不那么容易受到抑郁和孤独的影响，对生活更加满足，心情更加愉快。如果能经常见到孙子孙女，你会发现自己变得更加活跃、更加年轻。随着孙辈不断成长、步入高年级并融入流行文化，他们也能让你学到许多新鲜事物。另外，孙子孙女也可以让你与子女及其伴侣之间的关系更加密切，因为他们能够给大家带来快乐，源源不断地提供共同探讨的话题。

当然，做一位称职的祖父母能够为你的子女及其伴侣提供巨大的帮助。如果你们住得很近或是在一起度假，你便可以帮忙照看孙子孙女。有的时候，小两口儿或许会向你寻求某些育儿方面的建议，我会在本章稍后具体探讨。无论你们住得是远还是近，你都可以根据自己的经济状况提供一些资金，帮忙负担装修育婴室的相当可观的费用，或是帮忙一起承担托儿所的费用。

*

在本章稍后的内容中，我将讨论如何与孙子孙女建立亲密的关系，但作为一位称职的祖父母，关键在于帮助小两口

第八章 如何做好祖父母

儿的生活减负。当孙辈稍微长大一点儿后,你的帮助依然很有用,但孙辈一旦进入学前班,在家的时间会逐渐减少,且会变得更加自立,从这时开始,育儿的难度便会大大减轻。

在孙辈还是婴幼儿(即两岁以下)时,你可以参考以下建议,希望能为你提供帮助。

如果你想给小两口儿购置一件设备或家具,请务必按照他们的需求购买,即便这有违你的喜好。 假设这对准父母计划购入几件价格不菲的必需品,比如婴儿床、婴儿汽车座椅、婴儿车和婴儿房的其他家具。你打算出力帮忙。如果你还没有研究过这些物品的价格,那不妨在开口前先查看一下,以免面对标价时措手不及。与你初为家长时相比,婴儿用品在设计和安全特性上出现了诸多更新,价格也水涨船高。

假如你决定帮忙出钱买一辆婴儿车,而小两口儿却看中了与你喜好不同的款式。如果他们主动征求你的意见或让你帮忙在几个备选方案中选择,那就不妨说出你的想法。但如果他们已经把想要的款式告诉你,那你就应该遵照他们的选择。如果价格超过你的预算,那就把你原本计划的数额给他们。没错,你当然希望能用自己挑选的婴儿车推着孙子孙女,但小两口儿才是每天使用推车的人。

孙子孙女出生后,先不要急着登门,而是留出时间让小两口儿在家陪伴新生儿。 询问这对新手父母需要什么帮助。

如果你想在孩子出生后立即去医院探望，请在抱着一大束气球进去之前，确保新手父母没有意见。切记，很多新手父母回到家后都想花些时间与新生儿独处，打造家庭的纽带。

新手父母希望与新生儿独处，并不意味着将你排斥在外，所以请不要误解。同时，这也不是他们将来一定会冷落你的征兆。他们和你一样，迫不及待地想让你见到孙子孙女。只需给两人一点儿时间，让他们适应为人父母的角色，分享深藏心底的想法和情感。

如果这是小两口儿的第一个孩子，他们难免会对照顾婴儿感到紧张和不安，尤其不习惯他人在场。在离开医院之后，有的母亲需要好几天的时间，才能让自己的身体和情感从分娩状态中恢复过来，尤其是遇到分娩困难、需要剖宫产或者出现轻微短期产后抑郁（即产后情绪低落）时，据悉，超过70%的新手妈妈在分娩后几天内都会出现这种症状。询问子女何时方便探访，尊重他们的意愿，如果他们没有要求你久留，在刚开始的时候，请尽量缩短停留的时间。你可能已经忘了，初为家长的感觉有多累人。

如果你住的地方离子女很近，不妨主动提出帮忙照看孩子。 提前约好每周四下班后帮忙照看孩子，便能为小两口儿腾出一个小时的时间，方便他们单独去杂货店购物。临时通知或提前计划好，让小两口儿能够外出单独享用一顿晚餐或是看一场电影，还不必花钱请保姆，这无异于帮了一个大忙,尤其是对手头紧的新手父母来说。如果你住的地方离子女很远,但会长时间和子女一家同住,那么在此期间,至少主动提出一次帮忙照看孩子的意愿。这样一来,你说不定就会成为子女家的常客呢!

切记,照顾婴儿或学步儿童需要体力。你可能会惊讶地发现,想要跟上一个正在爬行或乱动不该碰的东西的婴儿有多么困难,抑或当你得弯腰抱起婴儿或是把他们抱下床的时候,看似微不足道的 9 公斤会有多么重。如果你无力长时间照顾孩子,不要羞于说出口,可以问问孩子的家长能否找到其他人和你轮流照顾,或者,你也可以叫一个朋友或亲戚来陪你。如果你无法一个人连续几个小时照顾孩子,这对你和孩子都是危险的。那些没有力气频繁把孩子抱起来的人,很容易因失去平衡而摔倒。

如果有能力负担,可以为孙子孙女设立一个大学储蓄基金。当前,美国大学的学费非常昂贵。不难想象,当孙辈年满 18 岁时,学费很可能会飙升到一个天文数字。即使只是定期存一点儿钱,假以时日也能积累到相当大的数额,尤其是从孙辈小的时候就尽早开始存钱。但要注意,不要为了往大学基金里存钱而给自己的日常和退休生活造成负担。

想要帮助孙辈在使用这笔钱支付大学学费时避免纳税,你可以选择不同类型的教育储蓄账户。这些资金也可以用来支付孙辈 K-12 教育的学费(如果他们不上公立学校),或者，你的孙辈也可以在日后用这笔钱偿还学生贷款。你对这个账户保有控制权，因此不必担心钱被滥用。你可以在网上找到这些账户的信息，具体项目因州而异。

偶尔纵容孙辈，但不要违反家长制定的规矩。 当孙辈在你家过夜时，如果你明知小两口儿不想让孩子摄取含糖食品，那就不要在第二天早上准备一碗甜麦片当早餐。如果你的孙辈看着麦片盒子说："爸爸妈妈不让我吃这种麦片，因为它含有太多的糖"，不要笑着解释这是你们两人之间的小秘密。

如果孙辈知道自己不能吃某些食物，但你却偏偏拿给他们吃，这就无异于在教导他们违抗家长。如果你想拿一碗麦片让孙辈饱饱口福，那需要私下征得小两口儿的同意。如果他们同意，那就在给孙辈吃麦片时解释说已经征得了家长的同意。

给孙辈送礼物时，确保他们的家长能够接受。 家长往往会规定孩子能够拥有哪些玩具。例如，许多家长不允许孩子使用玩具枪，有些家长在孩子达到一定年龄之前不允许使用带屏幕的电子设备。务必要遵守家长的意愿。你一定不想亲眼看着孙辈拆开你送的礼物，却被家长告知不能接受。如果你担心送了孙辈已有的礼物或是不知道该买什么，那就问问孩子的家长。有的人可能想要给孩子的家长一个惊喜，但如果让孙辈失望，那就得不偿失了。

第八章 如何做好祖父母

*

如果孙辈的生活中还有其他祖父母（或继祖父母）的参与，你应该感到欣慰。对一个孩子来说，拥有再多成年人的关爱都不嫌多，你没有理由因为孙辈和其他祖父母的关系而心生嫉妒。孩子与他人建立亲密关系的能力是无限的，孙辈对别人的爱，并不意味着他们对你的爱会有所减少。事实恰恰相反，孩子拥有越多健康的人际关系，越容易与他人亲近。

如果你能和另一对祖父母相处融洽，这无疑是一个额外的优势，也便于两个大家庭在节假日团聚。但无论你们相处得是否融洽，对于为人祖父母的方法都可能存在分歧。如果真是这样，请什么都不要说，什么都不要做，让小两口儿自行判断。然而，如果你认为对方的行为可能严重损害到孙子孙女的幸福，比如他们在照看孩子时十分懈怠，那就请向小两口儿表达你的担忧，因为他们或许对这种行为并不知情。在表达担忧时，务必确保清晰具体。

请不要和另一对祖父母争抢孙辈的爱或子女的感激，这不是一场竞争谁最受欢迎的比赛。只需尽你所能，扮演好祖父母的角色即可。

避免为子女的育儿方法出谋划策

瓦莱丽和丈夫保罗来拜访儿子儿媳，第一天晚上，两人仰面朝天躺在床上，手牵着手，一言不发。他们住在客房，儿子和儿媳的卧室就在走廊的另一头，很担心说话会被听到。在各自上床时，保罗和儿子德鲁仍对彼此怨气未消。

"你什么都不该说，"瓦莱丽压低了声音。

"我就是忍不住。"

"你看吧，这下德鲁生气了。"

"他这完全是反应过激。我觉得他太死板了，只是想让孩子放松一下。吉莉恩一点儿也不困，因为我们在，她特地请求晚睡一小会儿。她晚睡一个小时又能怎么样呢？我们又不经常见到她。"

"明天还要上学，她必须在7点前起床。"

"这算什么理由，她晚点儿上学又能怎样，手指绘画又不是什么重要的功课。"

"话不能这样说，亲爱的。德鲁说这会打乱她的睡眠周期，她需要每天在同一时间起床。我的朋友尼娜说，她的儿媳也是这么管她4岁的孩子，所有的书也都推荐这种做法。"

"我觉得这听起来很荒谬，"保罗说，"话说回来，我们难道不能偶尔给他们提点友好的建议吗？这不就是爷爷奶奶该做的吗？如果我们跟他们的意见有分歧，难道就应该闭嘴什么都不说吗？"

"没错，我们什么都不该说。我在什么地方读到过，爷爷奶奶应该保持安静，不要多嘴。"

"你可能是把这句话记错了吧,原话是孩子应该乖乖听话,少出声。"

"很明显,已经没有人遵从这句老话了。你没注意到吉莉恩总是插嘴吗?他俩真需要教她些礼节了。"

"可千万别在德鲁面前这么说,他非得把我们俩扫地出门不可。"

*

如果子女或伴侣已经或准备做出一些可能伤害到孩子的事,你当然应该插手。如果你注意到他们忘了给孙子孙女装防触电插座,或是孙子孙女手里抓着一个有窒息危险的小物件,抑或你看到他们在孙子孙女闹脾气时大发雷霆或是大喊大叫、动手打人,那就大胆发声。当前的研究表明,殴打会对孩子的成长发育有害,面对一个闹脾气的 3 岁小孩,大人可以通过其他更有效的方法减少这种情况再次发生,比如保持冷静或是分散孩子的注意力。

然而,出于以下 3 个原因,对于育儿过程中遇到的常见问题,最好还是把自己的观点藏在心里。

首先,育儿的潮流和风尚会随着每一代人有所不同。当今家长得到的建议,是对婴儿的喂养和睡眠时间进行严格把控。他们可能会借助智能手机上的应用程序来提醒孩子的吃饭和睡觉时间,也可能会一丝不苟地监控孩子的日常作息,确切记录每次进食的母乳或配方奶粉摄入量,并以分钟为单位仔细为每次小睡计时。这或许会让你觉得有些刻意，但如果读一读最受当今家长欢迎的书籍，你便会发现这些都是书中推荐的方法。就像生活中的很多事情一样，抚养孩子也离不开数据的驱动。你的子女及其伴侣只不过采取了同龄家长都在用的方式而已。

相比之下，上一代人在育儿上要放松得多。斯波克博士的《斯波克育儿经》被我们中的很多人奉为育儿宝典，书中鼓励家长关注孩子的需求，依靠常识做判断，根据婴儿发出的信号调整育儿方式，而不是强迫婴儿根据家长的要求做调整。在这本经典著作中，开篇第一句就是"相信自己"。

因此，你会在婴儿看上去饥肠辘辘时才喂奶，也没有费心记录每天的食物摄入量。当婴儿看起来很累的时候，你会让他们小睡一会儿，等他们自然睡醒后再从婴儿床里抱出来。纵览你们那一代人所遵从的工具书，你会发现书中就是这样指导家长的。当今的新手父母看到自己竟在如此松懈的环境下长大成人，一定会震惊不已。

说来有趣，至少对像我这样研究育儿和儿童成长的人来说，家长采用的育儿方法其实无关紧要。想要成为称职的家长并培养出健康的孩子，可选的方法多种多样。

对于如何最有效地育儿，每一代人都得出了具有突破性的发现。然而，这些热门的"全新"育儿技巧，大多都曾在过去某个时间点风靡一时。在 20 世纪上半叶，人们曾经对

第八章 如何做好祖父母

当今奉行的严格饮食和睡眠作息推崇备至，这也就是当今被称为"科学育儿"的方法。随着斯波克博士的出现，这种风格在20世纪40年代末被时代所淘汰，在我看来，斯波克博士当数最反对死板的、预先计划好的、数据驱动的时间表的人。而斯波克博士的这本育儿宝典若是在当代重版，则很可能会将开篇第一句改为"相信数据"。

许多祖父母都会跟随婴儿的节奏，让他们自行把控进食和睡眠作息，如果他们看到子女强迫孩子严格遵守时间表，想要发表意见也在常理之中。30年后，如果新一代的父母遵从了另一套理念，现在的新手父母估计也会因子女未能按时喂养新生儿而发表意见。下一代育儿大师很可能会建议家长在婴儿的睡眠和进食时间上保持灵活，并将幼儿主导的方法标榜为另一项突破，对上一代以数据为导向的育儿方法加以贬损。

无论孙子孙女的作息被安排得一丝不苟还是如同一盘散沙，他们都能健康成长。婴儿的发育被预先设定好的强大基因所控制，基因是一种与生俱来的"软件"，无论当今时兴的建议是什么，基因已经顺利运作了千百年的时间。人类的进化方式使得我们的婴幼儿能够茁壮成长，只需得到家长的养育即可，并不要求遵循某种具体的方式。如果家长的每一个怪癖都能对孩子的发展造成严重后果，我们这个物种就不可能生存至今。

养育是一生的课题

*

孩子的年龄越大，其发育便越来越不受所有婴儿与生俱来的遗传编程的控制。随着时间的推移，孩子的发展由其独特的基因谱和成长环境（包括家长的育儿方式）的相互作用决定。基因决定性格倾向，而家长和其他环境因素则影响着这些倾向的具体表现。

家长的确会产生一定的影响，但基因则会决定这种影响的大小，尤其是在生命早期。有的发展心理学家打趣说，新手父母认为自己可以完全掌控孩子的成长方向，但直到第二胎降生时才发现，尽管所用的养育方式一模一样，第二胎的性格却与第一胎迥然不同。家长直到这时才意识到，面对基因的影响，养育方式起到的作用是非常有限的。有些家长非常称职，有些则非常糟糕，但大多数人都是合格的。

因此，祖父母无须对子女的育儿方式进行微观管理。如果子女更希望遵循作息时间表，那就应该这么做。如果子女会因严格控制时间抓狂，那就不应该勉强。当婴儿成长为学步儿童，便可以分辨出哪些孩子受到了呵护，哪些遭受过虐待，但是，日常生活要求严格与否所造成的区别却是看不出来的。

流行育儿书中的许多建议旨在改善**父母的**生活，而不是孩子的生活。这当然无可厚非，但从这个角度来说，专家提倡的所有建议都应以家长的感受作为评判标准，而不是孩子的成长表现。因此，争论哪一代人的育儿方式"正确"毫无意义，除了少数极端和罕见的例外，只要家长乐意遵从的建议都是正确的。

*

避免指手画脚的第二个原因在于，这种做法无法打造出一个双赢的结局。如果你选择发表意见，可能会激怒子女或子女的伴侣，对方可能会告诉你，他们想用自己的方式养育孩子。如果你缄口不言，便可能因为眼前所见而心烦意乱，或是因为子女的无效育儿而沮丧。你确信自己拥有一个简单的解决方案，只要他们听你的，一切都会迎刃而解。

你可以尝试折中，也就是在提出建议之前，先问问子女是否需要你的建议。但这种做法也不能太频繁，否则会招人厌烦。如果遇到情况很紧急的节骨眼儿，或是在子女心烦气躁的时候，你的提问很可能会招来呵斥。如果正赶上婴儿大吵大嚷、学步儿童又踢又叫或者学龄前的孩子哭闹不停的时候，子女最不想听到的，就是你在旁边询问能不能提个意见。

*

避免给子女育儿出谋划策的第三个原因在于，在子女需要对自己的育儿技巧多些信心而不是自我怀疑时，你的建议或许会对他们的信心造成打击。你的子女及其伴侣需要相信自己的育儿决策虽然不完美，但至少也是正确的，因为在面对压力和挑战的时候，他们必须具备一些掌控感才能应对。

确保孙子孙女健康成长的最好方法，就是让孩子的家长感觉获得了支持和拥有控制权。这意味着，就算看到他们的做法与你初为家长时有所不同，你可能也需要偶尔睁只眼闭只眼。然而，但凡足够称职的家长，就不太可能对孩子造成伤害，因此，你也应该学会顺其自然。如果你实在无法容忍眼前所见，那就缄口不言，转移视线或离开房间。重要的是，如果你欣赏子女抚养孩子的方式，务必要记得表示赞美。

*

如果你忍不住想要就小两口儿的育儿方法发表意见，那就稍后再提。当对方正在采取你不赞同的措施时，不要在当下提出。在给出建议之前稍做停顿，可以让你有机会看清是否有这种必要。

假设你和儿子正在客厅聊天，婴儿正在打盹儿，突然，你们听到婴儿监视器传出轻微的杂音。你的儿子站起来，走向婴儿室。你觉得出现杂音是正常现象，担心查看反倒会把婴儿吵醒，于是忍住什么也没说。过了片刻，你的儿子心情舒畅地回到客厅，杂音也停止了。事实证明，你的儿子的判断是正确的。你当时没有否定他的判断，现在则更应该夸奖他处理得当。如果想帮助子女成为称职的家长，赞美成功比纠正错误要更加有效。

事情发生与你提议的时间节点距离越近，子女就越有可能把你的话当作批评而非友好的建议，从而更不可能采纳。

你可以等到第二天再开口说:"昨晚你想让莫莉洗澡,但她不听话,这件事我想了很久。如果你想听的话,我可以给你几个建议。"在问题发生之后,留出一段时间再发表意见,这不仅可以缓和局面,还能让子女更愿意倾听且不会觉得受到冒犯。

*

如果子女找你寻求育儿建议,你可以自由提议,但尽量在提议时对其育儿方式表达赞美。

比如说,你的女儿问你觉不觉得孩子该断奶了,而你觉得现在断奶还为时过早。在这种情况下,不要立马回答"不行",而应该在建议之前表示:"你现在用的方法看来挺管用,婴儿长得可真快。但是,再让婴儿喝几周的奶应该也没什么问题,很多婴儿在不想喝奶的时候就会自动断奶。如果过几周还没有断奶的迹象,就给你的儿科医生打电话听听意见。"

抑或,你的儿子和儿媳帮上学前班的3岁孩子穿衣,但孩子却不配合。每天早上,让小家伙穿他爸爸选好的衣服都要折腾一阵。这时,儿子向你取经。你的经验告诉你,在这种情况下,最好的方法是提前选择2～3套可以接受的选项,让孩子自己选择,因为允许幼儿自己做决定,有助于满足他们对自主感和成熟感的需求。

在回答儿子的问题时,你不妨这样说:"那天晚上吃饭时,我看你特别会处理这类状况。当时米奇耍脾气不愿吃水果,你就特意让他在蓝莓和草莓之间做选择,反正他吃哪一种你都会很开心。这一招很奏效。让他选择早上上学穿的衣服时,为什么不试试这一招呢?"在表达建议时注意措辞,好让子女既接受了建议,心情也更加舒畅。

*

我在本章这部分内容中提供的所有指导的基础都可以总结为:当你准备提供建议的时候,请务必多思考你的意见会对新手父母的心理健康造成怎样的影响,而不是对孙子孙女的成长有什么益处。

若能处理好第一点,第二点便会迎刃而解。

与孙子孙女相处

如果你希望与孙子孙女建立有意义的关系,就必须加以培养和维护。

为了有一个美好的开始,在第一年尽量多与孙子孙女进行肢体接触,这是因为新生儿是通过肢体接触对他人形成依恋的。当你抱着他们时,请进行眼神交流,密切关注他们发出的信号(比如当他们发出不舒服、困倦或饥饿的信号时),并做出回应,用柔和的声音说话。如果能做到这些,孙子孙女便很可能与你建立亲密的关系。

想要建立亲密的关系,你无须照顾孙子孙女的日常需

第八章 如何做好祖父母

求，比如喂饭、洗澡或者更换尿布，因此你没有必要担心这些任务太过艰巨或害怕自己手生。当然，这些事情必须有人处理，但其本身对情感联结没有多大效用。构建亲密关系的原料，是给婴儿提供身体上的舒适。当你给婴儿喂饭时，培养情感依恋的行动是搂抱，而不是喂饭。

如果你住得较远，在第一年要尽可能多去看望孙子孙女。与子女和子女的孩子通电话或视频通话，对你和你的子女来说可能很有趣，但对刚出生不久的孙子孙女并没有多大影响。如果不能亲自拜访，你仍然可以在孙子孙女的成长过程中与他们保持密切联系，但如果你能花时间和他们相处，在他们生命的第一年多进行肢体接触，便是开了个好头。

随着孙辈渐渐长大，想要建立真正的情谊，你需要做的已经不能仅限于拥抱。花时间相处时，把玩乐视为重中之重。与当今许多家长的理念不同，并非每次与孩子的互动都必须有教育价值。我曾经在餐馆里无意中听到，一个孩子想要在还没吃完菜豆之前吃些甜点，而母亲却说："亲爱的，你好好想想，绿色蔬菜在食物金字塔上的位置是哪里呀？"如果小两口儿和当今大多数家长的作风相符，你的孙辈受到的各种指令已经够多了。

如果孙辈热爱学习，喜欢问你关于大自然的问题，想跟你分享在学校读过的一本书，或者喜欢谈论看过的电影，那你自然可以和他们好好聊聊这些话题。但如果你6岁的孙子孙女想玩《大富翁》，那就单纯享受游戏，不要抓住游戏中每次交易的机会教他们算数。让孙辈记忆深刻的是你们一起欢笑的时光，而不是你传授的知识。

*

当你给子女打电话询问近况时，如果孙辈已经会说话，那就要求和孙辈说说话。刚开始的时候，你们的谈话可能感觉有些不自然，但随着孙辈越来越习惯听你说话，便会逐渐敞开心扉，甚至让你惊讶于他们是多么健谈。养成每隔一段时间给孙辈打电话的习惯，或是在孙辈有了自己的手机后直接打手机。这会让他们愈发感觉你们之间有着特殊的联系，而无须总是把家长牵扯进来。随着年龄的增长，他们会开始把你视为一个可以寻求支持的朋友。很多祖父母都会与孙辈发短信和电子邮件或是分享社交媒体内容。只要你们给彼此一些耐心，你就能从他们身上学到许多科技知识。

制订一种特别的习惯，或是安排一种特别的户外活动，确保这是你能与孙辈单独享受的活动，即便等他们长大成人，也能继续保持下去。我有一个必须长途跋涉才能见孙子一面的朋友，但等孙子慢慢长大，能够品尝出好餐厅的滋味时，两人就养成了每年一次的习惯：穿上正装，两人到一家最喜欢的餐馆，吃一顿美味的午餐。在孙子刚上小学的时候，两人便开始养成了这个习惯，如今，孙子已经是大学生了。你不一定要和孙子孙女出去吃饭，但要找到一个可以经常只有两人一起享受的活动，使之成为你们共同期待和一起计划的事情。

积极探索孙子孙女的兴趣。你当然可以询问他们在学校过得怎么样，但大多数孩子很快就会厌倦这个问题，因为提问的人实在太多了（很多家长在每天傍晚孩子放学时都会问这个问题）。如果你确实想问学校的情况，那就问得具体一些，比如询问某节课、某位最受欢迎的老师、某个特殊的同学，或是孙子孙女正在做的某一项课业。除此之外，也要试着找点儿别的话题，比如孙子孙女感兴趣的话题。的确，有许多孩子都热爱学校生活，但这些孩子通常也有其他兴趣。如果你的孙子孙女是个棒球迷，那就多学一些关于这项运动的知识，以便一起观看和讨论比赛。如果孙子孙女在收藏某种东西，那就在看望他们的时候问问最近有没有新添什么藏品。如果孙子孙女喜欢音乐，那就问问他们最近在听什么，让他们放一段跟你分享。

别忘了和孙子孙女分享**你的**兴趣。说不定，他们也很想听你聊聊自己的爱好、活动或最喜欢的东西。跟孙子孙女聊聊你最近看过的读物、参加的旅行（如果你有照片或视频，不妨拿出来分享）、喜欢的电视节目，或是你最近一直在思考或好奇的事情。不要带着教育的目的分享，而是像朋友一样聊天。征求他们的意见，因为孩子也希望自己的意见能得到大人的重视。家长忙于育儿，以至于无法跳出角色的框架来和子女做这些事。作为不必肩负育儿责任的祖父母，你有很多时间可以和孙子孙女谈论有趣的话题。

花点儿时间，在子女不在场的情况下与孙子孙女独处，可以只有你们两人，也可以带上你的伴侣。如果你不止有一个孙辈，那就带上孙辈的兄妹或表兄妹。如果与孙辈的社交局限在家庭聚会上，他们就只能把你当作祖父母看待，而不会有深入的了解。他们或许很想问你问题，但又不好意思在别人面前提问。他们可能想跟你讲些家长已经知道的事情，或是不想在家长在场时讨论的事情。许多孩子都希望能找一个家长之外的成年人做知己，你或许就是最合适的人选，如果你们的关系一直以来都很亲密，那就更是顺理成章了。

分享你的家族史。作为家族信息的重要知识库，你应该尽可能与孙辈分享。如果你的孙辈还在上小学，制作家谱图是一个可以共同完成的有趣的动手项目，你们可以在上面添上所有能想到的亲戚的名字、出生地和出生日期。如果你从小就有记日记的习惯，也愿意分享其中的部分内容，你的孙子孙女一定会很有兴趣。

大多数孩子尤其喜欢听家长和祖父母童年和青少年时期的故事，一是因为这些故事是往昔（或是孩子眼中的往昔）的一种缩影，二是因为他们很好奇家长和祖父母小时候是什么样的。这些故事不应包含尴尬的信息，但应该充满趣味，或是向孩子揭示家长和祖父母此前不为他们所知的特殊才能或成就：比如你经常参加户外活动，孩子的母亲曾在全州诗歌比赛中荣获冠军，或者是孩子的父亲曾在圣诞节家庭聚会上表演过魔术。

如果你的家族刚刚移民，孙子孙女或许会想要听一听家族第一代移民的故事，他们在哪里定居、定居后如何谋生，以及移民前的生活是什么样的。如果孙子孙女正值青少年时期，已经逐渐建立起自己的身份认同，了解家族的历史便有重大的意义。通过你的教育，你的文化中的重要元素或许能够流入他们的血脉。

*

你的孙辈可能年龄还小，无法作为朋友相处，但随着年龄的增长，他们可能会成为你的朋友。在祖父母年老时，孙辈也可以成为提供支持和帮助的重要来源。一旦成长到十几岁，你的孙辈便能派上大用场，尤其是在需要年轻人的力量和敏捷的体力活上。我认识的一些年轻人会帮祖父母修理家具，在祖父母摔倒后的静养期间帮忙做家务，或是在祖父母需要出门办事时开车接送。现在的你或许还不需要孙子孙女的帮助，他们或许年纪还小，能做的很有限，但是在他们年幼时建立并保持稳定的关系，会让你在未来需要帮助时更容易开口求助。这种帮助无论对你还是孙辈，都意义重大。

我们的社会强调家长对孩子身心健康的影响，理由不言而喻。但是一些祖父母却有所不知，积极参与孙辈的生活，会对孩子的成长大有裨益。

　　这种益处是双向的。当我开始动笔写这一章节的时候，我的孙子亨利差不多一岁大。无论是他在我走进房间时兴奋不已，还是他在玩我们两人发明的捉迷藏游戏时开怀大笑，每当我感觉到两人之间建立起的亲密关系时，心中便会浮现一种从未体验过且难以言喻的喜悦。

第九章
总结与展望

第九章　总结与展望

总结

如果非要从本书中提取一条最重要的启示，那就是当今养育成年子女的方式已与上一代发生了巨大的变化，这使得许多家长对亲子关系倍感茫然。

造成这种情况主要有几个因素。第一，由于现在的人们需要很长时间才能从青春期过渡到成年，曾经的家长在子女快到20岁和20岁出头时面临的诸多挑战，已经被延后到了二十五六岁、二十八九岁，甚至更晚。这种转变衍生出新的关系变化，也改变了家长与成年子女的谈话方式。曾几何时，有些家长会在子女23岁时便公开表达对其择偶的担忧，而现如今，就算子女已经35岁，家长在表达担忧之前也会有所犹豫。如果22岁的子女向家长索要100美元，家长或许会觉得自己有权询问这笔钱的用途，并评价这笔支出是否明智。但如果换作33岁的子女提出请求，家长可能觉得难以开口质疑或表达意见。

第二，成年时间表的改变，使得家长很难判断自己的子女到底是一路坦途还是迷失方向，抑或是介于两者之间。在上一代人以前，家长可能会为已经30岁出头但尚且单身的子女担心。而如今，30多岁尚且单身的情况很常见，不至于引起焦虑。过去，人们22岁就会走出大学校园，且几乎立马就会开启自己的职业生涯，而今，许多人要到二十四五岁才毕业，或许要到30岁才能拥有一份稳定的职业。如果30岁之前还没有在事业上取得重大的发展，便很可能引得父母担心。但按照今天的标准，30岁还没有开启自己的职业生涯非常正常。换句话说，有些事情放在上一代人身上虽然看似是一种迷失，但放在当今却不可同日而语，然而，很多家长都没有意识到这一点。

第三，由于当今的家长可能没有认真思考过拥有一个成年子女意味着什么，因此在步入家庭生活的这一阶段时，他们或许会觉得与抚养青春期的子女相比，与成年子女相处应是小菜一碟。但许多家长很快发现，与成年子女的相处会带来独有的挑战，这些挑战常常会让他们茫然且不知所措。每当子女进入一个新的发展阶段，家长都必须想明白是否应该以及如何调整对子女的态度。这种不确定性往往会让家长担心自己是否做得太过或是不足，甚至可能会畏首畏尾，不敢直接询问子女。许多家长本以为在子女成年后便能无忧无虑，没想到情绪却如过山车般大起大落。

第九章　总结与展望

第四，无论是完成大学学业、与恋人安定下来、实现经济独立还是为人父母，由于许多向成人过渡的传统都被延后，因此成年子女自己和家长都对其社会地位捉摸不透。一方面来说，这些年轻人感觉自己在情感上已经成熟，且事实也很可能的确如此。但从另一方面来说，他们的生活仍然保留着一些青春期的特征。他们还在恋爱而不是结婚，仍在上学而不是就业，在经济上依赖家长而不是自给自足。这些情况会使他们和家长一样不确定该如何定位彼此之间的关系，这种模棱两可的关系，会让彼此的沟通变得尴尬。

仿佛这些挑战还不够，社会方方面面的变化，也使得成长为独立的成年人变得难上加难。造成这一点的主要原因是劳动力和住房市场的变化，这两个因素都要求人们在学校停留更久，等待更长时间才能建立自己的家庭。这使得人们的压力进一步增加，如经济大衰退和新冠疫情等社会事件，又进一步加剧了这些压力。

你可能会认为当今二三十岁的年轻人娇生惯养，但与你同他们差不多大的 30 年前相比，当代年轻人面对的压力显然更大。很明显，这一挑战已经对年轻人的心理健康造成了影响，从许多方面来看，年轻人的心理健康在过去 20 年间严重恶化，早在新冠疫情之前就已经开始走下坡路。与焦虑、抑郁、成瘾甚至有自杀倾向的成年子女相处非常困难，当今，面对这种苦恼的家长，比之前任何时期都要多。

所有这些变化造成了关于自主权的冲突，而这种冲突也正是大多数家长与成年子女之间关系紧张的核心。两代人都不确定该对彼此抱有怎样的合理预期，许多家长变得小心翼翼，生怕被贴上侵犯隐私（如果他们尝试像以前那样介入子女的生活）或漠不关心（如果他们主动保持距离）的标签。有时候，你会觉得自己怎么做都不对。而成年子女也为了找到平衡点而费尽心机，既要解决作为成年人的自主权和身份认同的冲突，又要因社会压力而长期依赖家长。

*

在本书中，我建议有成年子女的家长在多方面采取措施，以便在这个挑战重重的时代维系稳定的关系。以下是我对主要观点的简要总结。

第一，**不要用你年轻时遵循的时间表来判断子女的步调**。不要再说"当我像你这么大的时候"一类的话，甚至连这个念头都不要有。用这种方法评判子女不仅不恰当，而且也没有什么实际意义。

第二，**承认并支持子女建立自主权的需求**。这种需求会随着30岁的临近而愈发强烈。当子女不听从你的建议，或者用各种各样的方法告诉你"少管闲事"时，不要难过。记住，问题的关键不在于你，而在于子女的需求。他们需要向自己和世界展示自己的成熟，证明自己有能力在不依赖家长的情况下面对成年生活。

第三，**审视你对这段关系的预期是否合理**。不要因为宁愿感到惊喜而不是失望就强迫自己降低期望值，降低期望值会导致对方展现出最坏的一面。但也不要期望过高，认为毫无问题。

第四，**当你被孩子伤害时，花点儿时间分析自己的情绪**。所有的家长都会偶尔对自己的孩子产生负面情绪，比如感觉被忽视、不被欣赏、不被尊重或是心烦意乱。这些情绪非常正常，根本无须羞愧。然而有的时候，你的不悦是基于你对子女行为的解读，而不是子女实际的行为。

第五，**无论是独自一人还是与朋友交谈时，尽量不要反复回味子女伤害你或让你失望的经历**。找机会冷静一下，弄清楚是什么在困扰你，并向子女表达你的感受。如果你深陷某种情绪无法自拔，请不要羞于寻求心理咨询。

第六，**学会有建设性地解决与子女的争端**。我整本书都在针对这个问题提出具体建议，并通过各种家庭的实例列举出解决争端的好方法和坏方法。在条件允许的情况下，"协作解决问题"这种有效的方法有助于找出双方眼中导致分歧的根源，以及可以采取的补救措施。如果双方能够集思广益、共同解决问题，要比一个人单独应对更能产生效果。

第七，**在决定表达观点还是保持沉默时，请遵循这一基本原则：在必须发表意见的时候，务必发表意见，但如果子女没有特意征求你的意见，还是三缄其口为好**。如果子女、子女的伴侣或其孩子可能会受到严重且不可挽回的伤害时，在这种例外下，这条基本原则是可以打破的。

如果你能做到时常遵循这些建议，便会为你和成年子女未来的关系打下坚实的基础。从长远来看，这个基础可能至关重要。在创作这本书的过程中，我听到许多家长表示，他们与四五十岁的子女之间的沟通充满了磕磕绊绊。正如我所言，养育子女的过程是永无止境的。

展望未来

在成年子女步入 40 岁后，你们的关系虽然仍会继续发展变化，但在某些方面可能会变得更加稳定。大多数子女已经完成了充满重大人生变化的过渡期，比如毕业、开启职业生涯、与伴侣安定下来、购置房产、实现经济独立、组建家庭，很多人都进入了一个更容易预测的稳定阶段。对于大多数人来说，40 多岁是一个不断巩固和循序渐进的时期，无论心理层面还是社会层面都是如此。如果一切进展顺利，大多数人会在这 10 年间找到自己的立足点：事业有成，婚姻美满，孩子步入青春期，核心人格特征则趋于稳定。

因为塑造子女二三十岁的主要转变已经完成，这些转变给作为家长的你带来的诸多难题可能已经得到了解决。有些家长仍然担心子女的事业停滞不前、感情生活没有着落、经

第九章　总结与展望

济状况不稳定，或者育儿方式漏洞百出，但这些情况毕竟是少数。此外，如果子女在这些领域确实存在尚未解决的问题，除了提供情感支持和带着同情倾听之外，你可能也帮不上什么忙。

从心理层面来讲，子女可能已经解决了一切有关脱离家长的自主权问题。一旦确立自己的独立性和能力，他们就不再需要向你展示自己的能力，也不再需要只是为了显示自己的不同而否认或驳斥你的观点。你会发现，这些因素能让你们的关系变得更加和谐。

由此带来的一个令人非常舒心的结果是，你的意见往往会变得更有价值，你的建议也更有可能会被接受，因为子女不再因你的权威而感觉受到威胁。你会发现，你不必再像以前那样需要保持缄默。虽然这并不意味着你可以对人到中年的子女的每个决定主动提出建议，但应该会让你在必要时更容易直抒己见。你会发现子女比以前更有安全感和自信心，也更愿意在尚未决定的问题上寻求你的见解。

在此期间出现的任何挑战大多与你生活中发生的事情有关，而非子女的生活。随着古稀之年的来临，你可能会经历人生的重大转变，包括退休、搬迁，以及面对随年龄增长而自然出现的心理和体能变化。对一些人来说，古稀之年或许是各种健康问题的高发时期。即使是健康的人到了这个年龄，也要比 10 年前更容易患病和受伤。

子女在二三十岁时生活处境的变化，给你们的关系制造了全新的问题。而今，你的生活处境的变化也会造成类似的挑战。

在子女年届不惑和你年届古稀的时候，你们的关系会经历一些角色的转换，你会发现自己越来越依赖子女，而子女对你的依赖则逐渐变少。

这一点既让人欣慰，又令人不安。之所以让人欣慰，是因为那个曾经事事都要依靠你和另一半的无助婴儿，已经成长为一个有能力独当一面的大人，而你的养育在其中功不可没。而令人不安的原因在于，当你们两人单独在一起时，你可能会明显感觉到，过去 40 年里一直在智力和能力上占据优势的你，已经不复往日了。

这种角色转换需要一些时间来适应，但是，你应该为有人依靠而心存感激。这可以是心理上的依靠，甚至是身体上的依靠。

幸运的是，这种变化并非一气呵成，而是一个循序渐进的过程，随着你的需求和子女投入时间精力的多少以及能力水平而不同。在身体的力量、敏捷性或平衡能力有所下降时，你有时可能需要子女帮忙做些体力活。你或许会偶尔寻求一些建议，比如如何管理投资，或是如何下载可以创建、存储和自动填充网络账号密码的应用程序（或许，你早该为此做好准备了）。根据你对科技的精通程度，你或许需要子女帮忙挑选和设置新买的电子设备、让电脑或智能手机恢复正常运行，或是在各种上网套餐中进行选择。

这些都是正常的问题，没有什么值得担心的。毕竟，比你年轻30岁的人大多身体更强壮，更懂得应付数字和信息（尤其是在这瞬息万变的数字世界中），对最新的技术创新也更了解。

的确，你有能力通过智慧和经验，来弥补随着年龄增长而出现的一些基本能力的自然衰退。然而，无论有多少智慧和经验，都无法帮助你站在梯子上清理排水沟、把一箱20多公斤的书搬上阁楼、挖洞种植灌木、为新买的智能手机进行出厂设置或是装配一套与音乐流媒体服务兼容的无线音响系统。向子女寻求帮助不是问题，为寻求帮助而纠结才是问题。

这种角色转换或许会引起3种令人不适的情绪：焦虑、尴尬和内疚。这些情绪非常重要，需要我们加以审视和重新解读。

焦虑。你们对彼此的依赖程度此消彼长，提醒着你自己正在一天天老去，很少有人会乐于接受这个现实。然而，年纪变老并不等于身体机能的衰退。你或许走得稍慢了一些、不能像10年前那样举起重物、需要度数更高的老花镜、要戴助听器才能关掉字幕看电影，或是需要拐杖才能远足，但这些并不意味着你的人生已经开始临近终点。毕竟，你仍在关注新闻，仍在享受你最喜欢的节目，仍在维持身体的活跃（只不过需要多花些时间或多用些设备来保持活跃）。如果身体无恙，你可能还有很长的日子可以享受。

不要因为暗自与子女进行比较，让你老去的岁月少了一丝优雅与从容。

你的子女的身体或许正处于巅峰状态，但这不能与你的身体状况相提并论。把你的体能与30岁的人比较，就像30岁的人把自己的毕生成就与你的同龄人相比较一样不合理。变老的确会带来不便，但同时也有好处。如果你因为子女比你更擅长一些事而感觉自己已经老了，那就一定要看到问题的两面。你在网球场上或许不如子女那么迅捷，但在高尔夫球场上却可能更加挥洒自如，因为高尔夫考验的更多是技术，而不是蛮力。如果你为自己的身体健康担心，与其拿自己的劣势和子女做比较，不如多加锻炼。

影响你为变老而焦虑的因素，也可能在于你意识到子女要比你更聪明。从40岁左右开始，以记忆为主的某些智力功能会出现与年龄相关的正常衰退。对一些人来说，这些变化或许是难以察觉的；但对另一些人来说，这些变化则可能对学习和记忆新信息产生一定的影响。你或许会变得更加健忘，执行新任务的速度也会放缓。与子女在玩字谜游戏或益智问答时，你本来就容易出现"话到嘴边却想不起来"的情况，如果在这时把自己与子女进行比较，可能会让你为此而赧颜。然而，这些变化纯属正常，并不是痴呆的象征。此外，如果这些变化对你的日常生活没有任何影响，那就不必放在心上。健康的饮食、社交和体育锻炼有益于认知功能，学习新事物也是如此。如果你觉得自己失去了些许的聪明才智，那就参加一项你向来感兴趣的线上或线下课程，学习一种新的乐器，或者培养一种新的爱好。新奇和挑战有助于维持大脑的健康。

尴尬。第二种担忧，在于这种角色转换可能会改变子女对你的看法，在某种程度上削弱你在他们眼中的地位。坦率地说，我并不觉得子女对你的评价基于你是否会寻求他们的帮助，或者你是否需要花更长时间才能答上智力问答节目中的问题。子女对你的感觉和看法，由你们之间长期以来的关系所塑造，但愿这段关系充满了关爱和欣赏。向子女寻求帮助或建议，并不会让你们之间的关系动摇。

这些能力的变化很可能只会影响到你的自我认知，而不会改变子女对你的看法。事实上，那些让你烦恼或感到难为情的变化，甚至可能根本没有引起子女的注意。我还记得在一家餐馆里与儿子和儿媳共进晚餐的情景，当时，我们已经有3个月没见过面了，在那期间，我开始佩戴助听器。由于虚荣心作祟，我生怕自己会给人一种老态龙钟的样子。我们在餐桌旁坐了一会儿，却根本没人提到新买的助听器，我猜，他俩只是碍于礼貌不敢张口罢了。到了最后，我按捺不住地开口道："你们还没对我的助听器发表意见呢。"谁知，他俩根本没有注意到我的助听器。

如果子女有能力帮忙，那就不要让自尊心阻止你提出要求。在一件事上需要帮助，并不意味着你在每件事情上都需要帮助。一步一步慢慢来，不要总在脑中记录你要求子女为你做过什么，这会放大你因对他们稍加依赖而产生的尴尬。大多数人都不会一一记录自己多年来为子女提供的所有帮助，因此，这份资产负债表很可能是失之偏颇的。角色的转换是渐进的，你对子女的依赖有所增加，并不意味着子女不会在需要的时候向你求助。

对许多家长来说，要求孩子提供经济援助是件很难开口的事情。这是因为，要求子女帮助完成某项需要体力或专业知识的任务合情合理，但要钱往往是出人意料的。但在以前，子女为家长提供经济援助的现象非常普遍，并不比当今的家长为子女接济罕见。所有年龄段的人都会偶尔出现财务危机，如果你正巧身陷危机之中，也没什么好尴尬的。你的子女或许没有足够的能力来帮助你，但问一问也无伤大雅，而且我觉得，即使你开了口，子女也不会因此把你看低。

内疚。一些家长担心，向子女寻求帮助或建议会造成负担，因此可能会因为内疚而不敢开口。在过去的几十年里，你一直在为子女提供帮助，即便你偶尔寻求帮助和建议，子

第九章 总结与展望

女也不会视之为负担。我觉得,当作为家长的你为子女提供帮助时,应该会很享受这个过程。那么,你的子女为什么不会乐于为你提供帮助呢?在健康的家庭中,这是人们心甘情愿为彼此做的事。

如果你的要求非常烦冗,那就先做一些解释,但不要一张口就先说抱歉。面对一个跟你建立了四五十年关系的人,即使是让对方帮一个大忙,也不必为此寻找理由。

*

在子女小的时候,你或许会与他们在自主权上产生冲突,而一旦对你们的关系有了新的理解,这种冲突便会消失不见。你或许可以通过崭新的视角看待他们,并欣赏他们的成熟。遇到举棋不定的决定,你可能会比以前更频繁地征求他们的意见。但与此同时,子女也能更深刻地理解成年所带来的需求和责任,并看到你们之间的诸多共通之处,从而对你产生新的看法。他们现在能够理解,在经济和情感上承载整个家庭的压力是什么感觉,也明白了领导别人和被人领导的滋味。如果你的子女已经为人父母,那么他们已经品尝过抚养孩子的乐趣和艰辛,或许会对你的养育产生新的尊重和感激。

随着双方更加习惯这段关系的新阶段,你会发现,这段关系比几年前更加平等。你不再需要佯装出比实际更渊博、自信或一贯正确的假象,从很多方面来说,这是一种解脱。

你能够更加敞开心扉，更加自如地公开谈论你的感受，表达你在生活中或好或坏的决定以及焦虑和担忧。

敞开心扉的交流，很有可能让你们发展出一段前所未有的深厚友谊。很少有人像你的子女一样对你有如此长时间和近距离的认识，也很少有人能像你们一样亲密。在放弃了为人父母的一些特权之后，你可能会发现，子女成为情感支持的来源、贴心的倾听者、比你更有知识的好老师，以及一位难能可贵的挚友。

你们历经了那么久的岁月、付出了这么多的努力，才让关系发展至今。现在，是时候投入其中，尽情享受了。

致谢

如果没有与我共同养育子女和孙辈的爱妻温迪的鼓励、关爱与支持,这本书就无法面世。她阅读和修改了几个版本的手稿,以及她关于为人父母与祖父母的宝贵智慧,也帮我厘清和改进了对于作为成年子女家长的思考。她是一位伟大的老师,也是一位了不起的女性榜样。

我的几位同事和朋友对这本书的初期手稿进行了阅读和评价,他们的建议为本书增色不少。我要感谢贾马·亚当斯、杰伊·贝尔斯基、安杰拉·达克沃思、戴维·哈蒙、托德·曼、劳伦斯·佩尔茨、约瑟夫·瑞安、苏珊·斯托克代尔、巴里·特里明汉姆、玛莎·温劳布、费里亚·韦斯和杰夫·韦斯。

感谢美国退休人员协会(AARP)为这本书提出的想法,特别感谢乔迪·利普森提出宝贵的修改意见。另外,我还要感谢西蒙与舒斯特的全体团队,包括齐普拉·拜奇、菲尔·梅特卡夫、佐耶·卡普兰和亚历克西斯·米涅里。

最后,我要感谢我的经纪人吉姆·莱文和编辑埃蒙·多兰,感谢他们建议我开启这个写作计划,感谢他们对于如何组织和打造这本书所提出的宝贵建议,也感谢他们从编辑视角给出的诸多中肯意见。

参考文献

第一章 家长角色的转变

1 *substantial changes take place in the brain's anatomy and activity*: "White Paper on the Science of Late Adolescence: A Guide for Judges, Attorneys and Policy Makers," Center for Law, Brain & Behavior, Massachusetts General Hospital, October 2022, https://clbb.mgh.harvard.edu/white-paper-on-the-science-of-late-adolescence.

2 *Today's jobs require more years of schooling than they did a generation ago*: Anna Brown, "Key Findings About the American Workforce and the Changing Job Market," Pew Research Center, October 2016, https://www.pewresearch.org/fact-tank/2016/10/06/key-findings-about-the-american-workforce-and-the-changing-job-market/.

3 *now takes the average U.S. college student five years or more*: Data come from the National Center for Education Statistics, U.S. Department of Education, 2019.

4 *statistics published by the Census Bureau and other government agencies*: Data on age at college graduation come from the National Center for Education Statistics; data on age at marriage and birth of first child come from the U.S. Census Bureau.

5 *the average price of a home rose five times faster than the average salary*: Gregory Schmidt, "Wages Can't Keep Up with Housing Prices," *New York Times*, May 8, 2022.

第二章　共同成长

1. *this sort of permanent estrangement is very rare*: Lucy Blake, "Parents and Children Who Are Estranged in Adulthood: A Review and Discussion of the Literature," *Journal of Family Theory Review* 9, no. 4 (2017): 521–36.
2. *co-rumination is sometimes worse for your well-being than ruminating alone*: Leonardo Carlucci et al., "Co-Rumination, Anxiety, and Maladaptive Cognitive Schemas: When Friendship Can Hurt," *Psychology Research and Behavior Management* 1, no. 1 (2018): 133–44.

第三章　精神健康

1. *adolescents and young adults are most vulnerable to mental health problems*: R. C. Kessler et al., "Lifetime Prevalence and Age-of-Onset Distributions of DSM-IV Disorders in the National Comorbidity Survey Replication," *Archives of General Psychiatry* 62, no. 6 (2005): 593–602; National Research Council, *Investing in the Health and Well-Being of Young Adults* (Washington, DC: National Academies Press, 2015).
2. *The prevalence of mental health problems among young people has risen dramatically*: "Data and Statistics on Children's Mental Health," Centers for Disease Control and Prevention, https://www.cdc.gov/childrensmentalhealth/data.html. Retrieved September 30, 2022.
3. *major depressive episodes among adults in other age groups were unchanged*: Jean Twenge et al., "Age, Period, and Cohort Trends in Mood Disorder Indicators and Suicide Related Outcomes in a Nationally Representative Dataset, 2005–2017," *Journal of Abnormal Psychology* 128, no. 3 (2019): 185–99.
4. *Suicidal thinking rose dramatically among young adults*: Twenge et al., "Age, Period, and Cohort Trends."
5. *staggering increase in mental health problems*: Nirmita Panchal et al., "The Implications of COVID-19 for Mental Health and Substance Use," Kaiser Family Foundation, February 10, 2021, https://www.kff.org/coronavirus-covid-19/issue-brief/the-implications-of-covid-19-for-mental-health-and-substance-use/.

6 *an especially severe toll on the psychological health of young adults*: Nimita Panchal, "Recent Trends in Mental Health and Substance Use Concerns Among Adolescents," Kaiser Family Foundation, June 28, 2022, https://www.kff.org/coronavirus-covid-19/issue-brief/recent-trends-in-mental-health-and-substance-use-concerns-among-adolescents/.

第四章 教育

1 *The vast majority of the world's richest people graduated from college*: Deniz Çam, "Doctorate, Degree, or Dropout: How Much Education It Takes to Become a Billionaire," *Forbes*, October 18, 2017, https://www.forbes.com/sites/denizcam/2017/10/18/doctorate-degree-or-dropout-how-much-education-it-takes-to-become-a-billionaire.
2 *about 40 percent of college freshmen never end up graduating*: "College Dropout Rates," ThinkImpact, (2021), https://www.thinkimpact.com/college-dropout-rates/.
3 *"lawn mower parents"*: Nicole Pelletiere, "Move Aside Helicopter Moms, Lawnmower Parents Are on the Rise," GMA, September 18, 2018, www.goodmorningamerica.com/family/story/move-helicopter-moms-lawnmower-parents-rise-57805055.
4 *Forty percent of college students who drop out do so for financial reasons*: "New Research Answers Question Every College Wants to Know: Why Do Students Leave and How Do We Get Them Back?," University Professional and Continuing Education Association, December 1, 2021, https://upcea.edu/new-research-answers-question-every-college-wants-to-know-why-do-students-leave-and-how-do-we-get-them-back/.
5 *About half of entering college students need at least one remedial class*: Laura Jiminez, "The Cost of Catching Up," Center for American Progress, September 28, 2016, https://www.americanprogress.org/article/remedial-education/.
6 *students who need such classes are more likely to drop out than their peers*: Michael Nietzel, "Remedial Education: Escaping Higher

Education's Hotel California," *Forbes*, October 22, 2018, https://www.forbes.com/sites/michaeltnietzel/2018/10/22/remedial-education-escaping-higher-educations-hotel-california.

第五章　财务问题

1 *one frequently recommended guideline*: "The 40-70 Rule: Communicating Touchy Topics," Home Instead, October 1, 2020, www.homeinstead.com/care-resources/care-planning/communicating-touchy-topics/.

第六章　恋爱与婚姻

1 *Only about one-fourth of today's married people met their spouse in college*: Kelsey Campbell-Dollaghan, "Facebook Data Shows How Many People Graduate College with True Love," Gizmodo, October 7, 2013, https://gizmodo.com/facebook-data-shows-how-many-people-graduate-college-wi-1442070364.

2 *the average age at which people met their future spouse*: Serina Sandhu, "British People Meet Lifelong Partner at 27, Study Reveals," *Independent*, January 19, 2016, https://www.independent.co.uk/news/uk/home-news/british-people-meet-lifelong-partner-at-27-study-reveals-a6820431.html.

3 *females are more social*: Marco Del Giudice, "Gender Differences in Personality and Social Behavior," in *International Encyclopedia of the Social & Behavioral Sciences*, 2nd ed., vol. 9, ed. James D. Wright (Amsterdam: Elsevier Science, 2015), 750–56.

4 *All couples argue*: Katherine McGonagle et al., "The Frequency and Determinants of Marital Disagreements in a Community Sample," *Journal of Social and Personal Relationships* 9, no. 4 (1992): 507–24. Although this classic study is thirty years old, more recent surveys have reached similar conclusions. See Taylor Orth, "How and Why Do American Couples Argue?," YouGovAmerica, June 1, 2022, https://today.yougov.com/topics/society/articles-reports/2022/06/01/how-and-why-do-american-couples-argue.

5　*More than a quarter of all homicides*: Aaron Kivisto and Megan Porter, "Firearm Use Increases Risk of Multiple Victims in Domestic Homicides," *Journal of the American Academy of Psychiatry and the Law* 48, no. 1 (2020): 26–34.

6　*stay married for at least twenty years*: Wendy Wang, "The Link Between a College Education and a Lasting Marriage," Pew Research Center, December 4, 2015, https://www.pewresearch.org/fact-tank/2015/12/04/education-and-marriage/.

7　*divorce became even less common than it was before*: Wendy D. Manning and Krista K. Westrick-Payne, "Marriage and Divorce During the COVID-19 Pandemic: A Case Study of Five States," *Socius: Sociological Research for a Dynamic World* 7 (2021): 1–3.

8　*people's mental health following a divorce*: Anna Kołodziej-Zaleska and Hanna Przybła-Basista, "Psychological Well-Being of Individuals After Divorce: The Role of Social Support," *Current Issues in Personality Psychology* 4, no. 4 (2016): 206–16.

9　*if their parents are fighting all the time*: E. Mark Cummings and Patrick T. Davies, *Children and Marital Conflict: The Impact of Family Dispute and Resolution* (New York: Guilford Press, 1994).

10　*difficulties faced by the divorcees*: Jennifer Lansford, "Parental Divorce and Children's Adjustment," *Perspectives on Psychological Science* 4, no. 2 (2009): 140–52.

第七章　迷失与坦途

1　*a model of flourishing*: Margaret Kern et al., "The EPOCH Measure of Adolescent Well-Being," *Psychological Assessment* 28, no. 5 (2016): 586–97. This measure is not designed for use beyond high school, but a similar perspective, called PERMA, which applies to young adults, can be found at https://positivepsychology.com/perma-model/. Retrieved September 30, 2022.

2　*Some students take considerably longer*: Data come from the National Center for Education Statistics, U.S. Department of Education, 2019.

3　*More than a quarter of American undergraduates*: Data come from the National Center for Education Statistics, U.S. Department of Education, 2021.

4   *the average American woman got married*: Data come from the Current Population Survey, U.S. Census Bureau, which provides this information annually.

5   *according to recent estimates*: Richard Reeves and Christopher Pulliam, "Middle Class Marriage Is Declining, and Likely Deepening Inequality," Brookings Institution, March 11, 2020, https://www.brookings.edu/research/middle-class-marriage-is-declining-and-likely-deepening-inequality/.

6   *nonmarried people between the ages of twenty-five and thirty-four who are living with a partner*: Benjamin Gurrentz, "Living with an Unmarried Partner Now Common for Young Adults," U.S. Census Bureau, November 15, 2018, https://www.census.gov/library/stories/2018/11/cohabitation-is-up-marriage-is-down-for-young-adults.html; Juliana Horowitz et al., "Marriage and Cohabitation in the U.S.," Pew Research Center, November 6, 2019, https://www.pewresearch.org/social-trends/2019/11/06/marriage-and-cohabitation-in-the-u-s/.

7   *say they hope to get hitched one day*: Bella De Paulo, "How Many Americans Want to Be Single?" *Psychology Today*, September 20, 2017, https://www.psychologytoday.com/us/blog/living-single/201709/how-many-americans-want-be-single-results-5-studies.

8   *cohabitation has become an enduring way of life*: W. Bradford Wilcox and Wendy Wang, "The Marriage Divide: How and Why Working-Class Families Are More Fragile Today," Research Brief for Opportunity America–AEI–Brookings Working Class Group, September 2017, https://www.aei.org/wp-content/uploads/2017/09/The-Marriage-Divide.pdf?x91208.

9   *preceded by some period of cohabitation*: Wendy D. Manning and Lisa Carlson, "Trends in Cohabitation Prior to Marriage," National Center for Family & Marriage Research, Bowling Green State University, April 13, 2021, https://www.bgsu.edu/ncfmr

/resources/data/family-profiles/manning-carlson-trends-cohabitation-marriage-fp-21-04.html.
10 *have never been married*: American Community Survey, "Never Married on the Rise," U.S. Census Bureau (2020), https://www.census.gov/content/dam/Census/library/visualizations/2021/comm/unmarried-americans.pdf.
11 *one-third of all unmarried people in their late thirties*: Data on age at first marriage come from the U.S. Census Bureau.
12 *IVF is successful half the time*: Data come from the Society for Assisted Reproductive Technology, https://www.today.com/parents/pregnancy/ivf-success-rate-rcna38775. Retrieved September 30, 2022.
13 *they just don't want to be parents*: Anna Brown, "Growing Share of Childless Adults in U.S. Don't Expect to Ever Have Children," Pew Research Center, November 19, 2021, https://www.pewresearch.org/fact-tank/2021/11/19/growing-share-of-childless-adults-in-u-s-dont-expect-to-ever-have-children/.
14 *being in love was the main reason*: Juliana Horowitz et al., "Why People Get Married or Move In with a Partner," Pew Research Center, November 6, 2019, https://www.pewresearch.org/social-trends/2019/11/06/why-people-get-married-or-move-in-with-a-partner/.
15 *More young adults now live with their parents*: The discussion on young adults moving back home draws on data from Richard Fry et al., "A Majority of Young Adults in the U.S. Live with Their Parents for the First Time Since the Great Depression," Pew Research Center, September 4, 2020, https://www.pewresearch.org/fact-tank/2020/09/04/a-majority-of-young-adults-in-the-u-s-live-with-their-parents-for-the-first-time-since-the-great-depression/.
16 *they and their parents get along fine*: Bella De Paulo, "Why Are So Many Young Adults Living with Their Parents?" *Psychology Today*, May 26, 2016, https://www.psychologytoday.com/us/blog/living-single/201605/why-are-so-many-young-adults-living-their-parents.

第八章　如何做好祖父母

1. *A close connection with a grandchild*: Donald C. Reitzes and Elizabeth J. Mutran, "Grandparent Identity, Intergenerational Family Identity, and Well-Being," *Journals of Gerontology: Series B* 59, no. 4 (2004): S213–S219.
2. *short-term postpartum depression*: "Baby Blues," American Pregnancy Association, https://americanpregnancy.org/healthy-pregnancy/first-year-of-life/baby-blues/. Retrieved September 30, 2022.

第九章　总结与展望

1. *begins in the mid- to late forties*: K. Warner Schaie, "The Course of Adult Intellectual Development," *American Psychologist* 49, no. 4 (1994): 304–13.